. H. CHOTARD

LIVINGSTONE

CAMERON — STANLEY

EXTRAIT DE LA REVUE DE FRANCE

PARIS

IMPRIMERIE DE LA SOCIÉTÉ DE PUBLICATIONS PÉRIODIQUES

P. MOUILLOT, 13, QUAI VOLTAIRE

1879

LIVINGSTONE — CAMERON — STANLEY

PARIS, — IMPRIMERIE P. MOUILLOT, 13, QUAI VOLTAIRE.

H. CHOTARD

LIVINGSTONE

CAMERON — STANLEY

EXTRAIT DE LA *REVUE DE FRANCE*

PARIS

IMPRIMERIE DE LA SOCIÉTÉ DE PUBLICATIONS PÉRIODIQUES

P. MOUILLOT, 13, QUAI VOLTAIRE

—

1879

LIVINGSTONE—CAMERON—STANLEY

Il y a quelques jours, nous rangions dans une bibliothèque, sur des rayons peu en vue, rayons de réserve, de retraite même, pour être plus juste, où nous conservons des ouvrages que la science a dépassés et que nous ne gardons que pour les services qu'ils ont rendus, nous rangions, disons-nous, d'anciens recueils de cartes, d'anciens tableaux géographiques, d'anciens atlas. L'un d'eux s'est ouvert par hasard et nous a laissé voir la date de sa publication, 1840. C'était un très bon ouvrage, et le nom de l'auteur est très recommandable ; si nous le taisons, c'est que nous avons à dire que ce qu'il a fait est aujourd'hui sans utilité ; la géographie marche vite, et qui ne la suit pas ne peut plus instruire. Comme nous préparions sur l'Afrique équatoriale l'article que nous présentons en ce moment au lecteur, nous avons eu la curiosité de chercher la carte qui la reproduisait, afin de revoir ce que l'on connaissait de cette partie du globe il y a quarante ans. Tout était vide ; au centre de cette grande péninsule, pas une montagne, pas une rivière ; pas d'autres traits que les degrés de longitude et de latitude ; les côtes seules étaient connues ; les bouches de grands fleuves étaient marquées, bouches larges et pleines d'eau, attestant que le cours principal avait une grande étendue et qu'il recevait de puissants affluents : à l'ouest l'Ogoué, le Congo ; à l'est le Zambèze. Mais d'où venaient-ils ? Nul ne le savait. On voyait bien de la mer des montagnes, même élevées; mais qu'étaient-elles elles-mêmes? Quel était leur régime, leur direction? Nous le répétons, nul ne le savait. La ligne qui sépare les eaux de l'Océan atlantique de celles de l'Océan indien, on l'avait placée tantôt près du premier, tantôt près du second, tantôt au centre même de la contrée, mais toujours par supposition, suivant que quelque renseignement venu soit des indigènes, soit de voyageurs assez hardis pour s'éloigner de la côte, inclinait les esprits dans un sens ou dans un autre; mais ce dont on était le plus sûr, c'était qu'on ne savait rien; les sources du Nil même n'étaient pas soupçonnées ! Les Arabes auraient pu parler, mais ils se taisaient dans l'intérêt d'un commerce qu'ils n'avouaient pas; les Portugais avaient sans doute tenté de relier leurs colonies de l'ouest à celles de l'est; mais leurs entreprises, faites sans suite, étaient restées obscures et sans résultat.

En effet, un continent tel que l'Afrique, continent ou grande péninsule du vieux monde, est bien difficile à connaître; il offre une masse énorme que l'on aborde de tous côtés et qu'on ne sait comment pénétrer. Les voyages sur mer sont dangereux sans doute; mais ils sont faciles, bien plus que les voyages sur terre, et les pays qui ont été les premiers pratiqués par les hommes sont ceux dans lesquels la mer s'engage et ouvre des chemins sinon toujours sûrs, du moins toujours accessibles. L'Europe aurait-elle été si vite parcourue, si vite réunie en une communauté d'existence et de mouvement, si l'Atlantique, séparant des îles, formant des golfes, creusant des mers intérieures, n'avait comme porté les hommes au-devant les uns des autres. La guerre sortit souvent sans doute de ces rencontres, mais souvent aussi la paix, l'union, les alliances; les eaux, en définitive, se sont chargées de conduire sur tous les points la civilisation et le progrès. Cela est si vrai que le pays le plus pénétré par la mer a été le premier civilisé en Europe : on a nommé la Grèce. Ce pays tout de montagnes, de petites vallées et de rivages, est des trois péninsules méditerranéennes celle qui a le plus tôt éclairé le monde par sa gloire militaire, ses lettres et ses arts; et si on la rapproche de celle qui, la dernière, a reçu la lumière, on est frappé de la différence de structure; la Grèce ne dépasse pas en superficie le Portugal, et le développement de ses côtes égale celui de la péninsule espagnole tout entière.

L'Afrique est impénétrable, et voilà pourquoi on n'a pu jusqu'ici ni la connaître ni la civiliser. Elle a bien trois grands golfes, la mer Rouge, les Syrtes et le golfe de Guinée ; mais ils sont extérieurs ; elle a des îles, mais petites, sauf Madagascar, disposées en groupes rares et si détachées du continent qu'elles ne peuvent y avoir ni intérêt ni influence. Les fleuves sont sans doute des voies naturelles, mais les vaisseaux qui conduisent à leurs bouches ne peuvent les remonter ; il faut, comme on l'a tenté, en amener d'autres, en pièces et en morceaux, et quel travail pour les refaire et les lancer ! et dans la navigation fluviale, que d'accidents et que d'arrêts causés par la nature des fonds, l'insalubrité du climat et la barbarie des peuples riverains ! Le Nil lui-même n'a pu être remonté ; il a été pris par ses sources. Mieux vaut encore s'engager hardiment dans les terres ; mais alors s'ouvrent de vraies campagnes avec corps d'armée à former, provisions à emporter, négociations à entamer, combats à soutenir ; la voie est faite par la persuasion et plus souvent par le fer et le feu ; que de lenteurs et en même temps que de dangers ! les plus fermes courages pendant longtemps se sont lassés ou se sont brisés.

De bonne heure l'Afrique a attiré l'attention des hommes ; elle était trop près de l'Europe pour qu'il en fût autrement ; par la côte méditerranéenne, elle était dans l'ancien monde ; par l'Egypte et la mystérieuse vallée du Nil, elle éveillait l'esprit de recherche ; on sait avec quelle persévérance on s'est efforcé de trouver la cause des inondations fertilisantes de ce fleuve extraordinaire ! Hérodote les atteste. Par mer, sinon par terre, l'équateur a été atteint, puisque Aristote signale une montagne d'argent qui ne peut être que la chaîne neigeuse du Kilimandjaro et du Kénia. L'équateur même a été dépassé par les Phéniciens, qui, sous Néchao, ont tourné l'Afrique de l'est à l'ouest ; les Carthaginois en ont approché par l'Atlantique ; les Romains, par terre, en ont pris la route et ont atteint ce lac des marais que le Nil traverse à neuf cents kilomètres de sa source. Les Arabes, au moyen âge, ont plus fait qu'aucun autre peuple ; et ce qu'ils ont appris, ils n'ont pas voulu ou ils n'ont pas songé à le dire, et leurs marchands, aujourd'hui, savent peut-être ce que nous ignorons. Les Portugais, après avoir découvert et suivi la côte occidentale, tourné le cap de Bonne-Espérance, ont rencontré les Arabes sur la côte orientale. L'Afrique ne pouvait donc pas ne pas être doublée. Ce que les Portugais ont fait eux-mêmes sur les deux côtes, ce qu'ils ont essayé à l'intérieur pour les relier, on ne l'a pas assez su, et on ne le

sait pas encore assez. Il fallut, pour entraîner les explorations, que
Bruce, enivré par la découverte des sources du Nil bleu, en Abyssinie, 4 décembre 1778, fondât en 1788 l'*African Association* ; les
Anglais attaquent dès lors le continent africain, et surtout depuis
1815, par le Fezzan, par le Niger, par la Nubie et le Darfour, par la
colonie du Cap ; les Français les suivent et souvent les devancent,
témoin Caillié et d'autres ; il n'est pas un point des côtes qui ne soit
visité ; mais c'est l'intérieur, le mystérieux intérieur qui se refuse
aux investigations, au nord le Sahara et le Soudan central, et, plus
au sud, la région équatoriale. Partout, cependant, de nobles conquêtes sont faites, partout les vides de la carte africaine se remplissent,
et, plus que partout ailleurs, entre l'équateur et le 20° degré de latitude sud ; les montagnes les couvrent, les fleuves s'y dessinent, les
populations s'y groupent, la terre et les hommes se révèlent enfin, et
sous les efforts persévérants de trois hommes d'un renom à jamais
mémorable, Livingstone, Cameron et Stanley. Nous nous proposons
d'étudier successivement leurs entreprises et d'en marquer le succès.

LIVINGSTONE

I

David Livingstone est né en 1817, à Blantyre-Works, dans la belle
vallée de la Clyde, un peu au-dessus de Glascow, dans le comté de
Lanark, en Écosse. Il sort d'une famille honnête, mais pauvre ; il
n'a jamais oublié que sa mère se livrait dans la maison aux travaux
les plus humbles et les plus pénibles. Son arrière-grand-père, qui
était encore attaché à la religion catholique, combattit pour Charles
Stuart à Culloden ; son grand-père était fermier à Ulva, une des Hébri-
des. C'est lui qui devint protestant et qui, chargé d'une nombreuse
famille, abandonna une ferme qui rapportait peu et vint s'établir
près de Glascow, où il entra avec ses fils dans une manufacture de

coton ; il se fit estimer par sa probité, et bientôt, quittant le travail manuel, il s'occupa de recouvrements. Le père de David ne resta pas lui-même dans l'usine ; il entreprit un commerce de denrées coloniales et spécialement de thé. Pieux et très fervent dans sa piété, il fut en même temps diacre dans une église jusqu'au moment de sa mort qui arriva en 1856. Livingstone descendait alors le Zambèze ; il le dit lui-même. « A cette époque, je ne me promettais pas de plus grand plaisir que de m'asseoir au coin du feu de notre maisonnette et de raconter mes voyages à mon père ; il n'est plus, mais je vénère sa mémoire. »

David entra lui-même à dix ans dans une filature, et il paraissait voué à la vie ouvrière de ses oncles et de son grand-père. Mais, plein du désir de s'instruire et doué des plus heureuses dispositions, il continua seul les études qu'il avait commencées à l'école ; il savait lire, écrire, compter ; il avait appris l'histoire de son pays et sa géographie en Europe et dans le monde entier ; cette dernière science surtout lui plaisait. Apprenti et ouvrier, il ne cessa pas de travailler ; il eut toujours un livre sur son métier, et il fréquenta assidûment les écoles du soir. De l'argent qu'il gagne il achète une grammaire latine, et seul encore il s'initie à la langue de l'ancienne Rome ; il travaille jusqu'à minuit, souvent même il ne se couche pas, et à six heures du matin il quitte son livre pour gagner l'atelier. Des relations de voyages tombent entre ses mains, il s'y attache au point d'oublier le reste; sa vocation se révèle ; lui aussi il voyagera ; mais doué d'une âme à la fois ferme et tendre, pieux comme son père, il entrera dans l'Église et voyagera comme missionnaire. Il lit la Bible, l'Évangile ; il fréquente les pasteurs et apprend d'eux la religion, et en même temps il étudie la médecine ; un missionnaire doit soigner les corps comme les âmes, et pressentant combien dans les pays lointains et sauvages la connaissance des plantes est utile, indispensable, il s'adonne surtout à la botanique, admirant Dieu, dit-il, dans ses créations les plus humbles et les plus cachées. Il a dix-neuf ans ; il a grandi dans la fabrique, il est tisseur ; il a grandi dans la science, il lit le latin, le grec, il a approfondi la théologie et l'art médical ; la Société des missions, après l'avoir encouragé, l'adopte ; il subit les épreuves ; il est deux fois docteur, *doctor in utroque jure, religioso et medico.* L'extrême Orient l'attire ; il est destiné à la Chine ; mais la guerre de l'opium éclate, et en 1840 il part pour l'Afrique.

Nous nous sommes arrêtés sur les premières années de Livingstone, parce qu'il importe de bien connaître l'homme qui pendant trente-trois ans a vécu en pleine Afrique, depuis les caps de Bonne-Espérance et des Aiguilles jusqu'à l'équateur, en a fait sa nouvelle patrie et y a inscrit son nom pour ainsi dire à chaque pas. Son caractère explique son œuvre ; il a marché seul avec deux ou trois compagnons et quelques serviteurs ; ses armes ont été la douceur et la persuasion ; il a été puissant par la bonté ; c'est un vrai missionnaire, inspiré par l'amour des hommes et la pitié envers ceux qui souffrent. Il avait horreur de l'esclavage, et il a lutté contre lui de sa parole et de son exemple ; il a résisté tour à tour aux Boers hollandais et aux Arabes qui le pratiquaient ; il a été un père pour les populations noires qui l'ont chéri ; et si son enseignement religieux n'a pas été plus fécond, il ne faut pas s'en prendre à lui, mais à la misère et à l'ignorance des êtres malheureux auxquels il enseignait l'Évangile et qui ne le comprenaient pas. Il avait une belle âme et un cœur haut ; et il a donné, entre tous les explorateurs de terres inconnues, le plus large et le plus grand exemple de dévouement.

Les contrées méridionales de l'Afrique ont déjà été abordées ; un Français, Levaillant, les a parcourues et décrites de 1781 à 1784 ; un autre Français, Délegorgue, est allé chez les Amazoulis ; un Suédois, Wahlberg, commençait bien, mais il fut soudainement tué par un éléphant ; l'Anglais Harris pénétra chez les Cafres, et l'Écossais Gordon Comming se lança sur ses traces et les dépassa. Mais ces vaillants hommes sont plus chasseurs encore que voyageurs ; ils s'emportent à la poursuite des fauves africains ; Gordon Comming surtout est comme enivré, et c'est ainsi qu'on verra plus tard Baldwin. Les missionnaires leur succèdent avec un esprit nouveau, plus noble, plus humain, plus digne enfin du succès. Parmi eux se distingue M. Moffat, véritable précurseur de Livingstone dont il est devenu le beau-père. Ces hommes, conduits par une foi vive et un dévouement sans bornes, ont abandonné leur patrie, mais ils ont emmené leur famille ; leurs femmes les suivent, missionnaires elles-mêmes, prêtes à les aider, à les soutenir ; comme ils le disent, leurs forces ainsi se doublent. Comment ne pas les admirer ? Ils luttent contre les hommes et contre la nature ; avec une vigueur que rien ne lasse, ils suffisent à tout ; ils construisent leurs demeures ; M. Moffat de ses mains a élevé la sienne ; ils sont charpentiers, maçons,

serruriers ; ils cultivent la terre, tour à tour laboureurs et jardiniers ;
et ils prêchent, ils portent partout la consolation ; ils luttent contre
des maladies d'autant plus terribles qu'elles éclatent par épidémies ;
et en calmant les douleurs de ces pauvres corps si éprouvés ils arrivent jusqu'aux âmes qu'ils saisissent ; il ne manque à ces conquêtes spirituelles que la continuité d'influence qui en assurerait la
durée.

Livingstone avait donc quitté l'Angleterre en 1840, et après un
voyage de trois mois il était arrivé au cap de Bonne-Espérance. De
la ville du Cap, il gagna encore par mer la baie d'Algoa et le Port
Elizabeth. C'est de là qu'il partit pour l'intérieur ; il voyageait en
char, avec des bœufs, seul moyen de transport que possédât encore
la colonie anglaise ; il franchit les montagnes de la Côte, les Nieuweld
et le vaste désert de prairies qui les sépare du fleuve Orange. Ce fleuve
passé en face de Klaarwater, il atteignit Kuruman, qui est, il le dit
lui-même, le chef-lieu des missions du pays. Il n'y resta que le
temps de laisser reposer ses bœufs et continua son chemin vers le
nord ; il lui tardait d'arriver à Shokouané et de voir un roi du pays
déjà converti au christianisme, Séchélé. Il pensait que près d'un
chef ami, au milieu d'une tribu bienveillante, il pourrait apprécier et
ce qui avait été fait et ce qui restait à faire, juger les moyens d'action
employés jusqu'alors et se préparer lui-même à faire aussi bien et
mieux encore, et en maintenant les conquêtes passées, assurer celles
de l'avenir. Il comprit bientôt que son noviciat d'Europe devait être
suivi d'un noviciat d'Afrique ; il revint chercher ses bagages à Kuruman et s'établit définitivement au sud de Shokouané, à Kolobeng
(Lépélolé, Litoubarouba). Il devait y rester neuf ans, jusqu'en 1849,
missionnaire à poste fixe, écrit-il, avant de devenir missionnaire
voyageur. Dans cette vie de mission, il fut puissamment aidé par sa
femme, compagne fidèle qui s'associa d'abord à tous ses travaux et
plus tard à toutes ses fatigues. Il vécut en Africain ; comme son beau-
père, il bâtit sa maison et cultiva son champ ; il s'isola de tous les
Européens ; il se fit Bakouéna, apprit et parla la langue de la tribu
et de toutes les tribus voisines, prêchant chaque dimanche et presque
tous les jours autour de sa demeure et même au loin ; car, prenant
tous les usages des noirs qui l'adoptaient, il se mettait de leurs voyages et de leurs chasses ; ce n'était pas sans danger, car il manqua
un jour d'être tué par un lion qui lui fracassa l'épaule ; mais il se

faisait connaître, et de plus en plus étendait ses relations. Cette contrée, que traverse le 25° degré de latitude sud et qu'on représente comme un désert, a sa fertilité qui serait bien plus grande, il est vrai, si l'eau était plus abondante ; les prairies et les bois y sont très étendus ; les animaux s'y rencontrent à chaque pas, les malfaisants sans doute comme les bienfaisants, et ces derniers en nombre incommensurable. Les noirs vivent à leurs dépens, et ils ont en outre les produits de la terre, et aussi des céréales, du moment que, guidés par les Européens, ils s'appliquent à les cultiver. C'est un pays tranquille où les mœurs sont relativement douces, où l'esclavage ne règne pas en oppresseur, où la paix est appréciée. Des vaincus viennent du nord s'y réfugier ; l'avidité arabe ne l'a point encore envahi, et les Boers seuls, moins hardis, le troublent par de courtes et rares entreprises. Livingstone put donc s'initier aux dialectes des tribus placées au nord de Kolobeng, s'annoncer, pour ainsi dire, se faire accepter d'avance ; estimé déjà, respecté et même aimé, sûr d'être entendu et compris, assez ferme d'esprit pour ne s'étonner d'aucun danger, assez robuste de corps pour supporter aussi bien qu'un naturel les longues courses et dans ces courses l'inclémence des saisons et du climat, assez confiant pour marcher sans escorte, il était mieux qu'aucun de ses devanciers préparé et destiné au succès.

II

Le départ s'effectue en 1849, et d'une façon toute patriarcale ; Livingstone n'a rien d'un conquérant, ni même d'un explorateur de profession ; il n'a ni suite, ni provisions, ni articles d'échange ; il n'a pas d'autres armes que ses armes de chasse ; il voyage en ami, en père de famille ; on dirait un planteur qui va visiter ses domaines ou un pionnier qui, sur une terre inconnue, cherche un établissement. Sa femme et ses enfants l'accompagnent sur un char à bœufs ; il est entouré de quelques noirs qui sont plutôt ses disciples que ses serviteurs ; deux Anglais, deux amis, l'ont rejoint en touristes, MM. Oswell et Mungo-Murray. Ce n'est point l'appareil d'une expédition, et rien ne peut effrayer ni même inquiéter les naturels. On traverse le pays des Bakaas et des Bamangouatos, l'extrémité orien-

tale du désert de Kalaharri, et l'on arrive à Nehokotsa, aux sources
de la Zouga, grande rivière dont la vue réjouit, car l'eau avait été
souvent rare, et cette rareté, cause de stérilité pour le pays, est un
danger pour les voyageurs. Les indigènes assuraient que cette
rivière conduisait vers le nord-ouest à un grand lac qu'ils appelaient Ngami. Livingstone y arriva le 1er août 1849. « Nous nous
dirigeâmes, dit-il, vers sa partie la plus large pour admirer cette
belle nappe d'eau, qui pour la première fois était contemplée
par des Européens. Sa direction nous parut être du nord-nord-est au
sud-sud-ouest, et sa position sur le 21° degré de latitude sud et le
21° degré de longitude est [1]. D'après les renseignements qui nous ont
été donnés, il s'arrondit à l'ouest et reçoit au nord-ouest le Téoghé,
cours d'eau qui vient du nord. De l'endroit où nous étions placés,
les eaux du lac formaient notre seul horizon ; il nous fut impossible
d'en mesurer l'étendue, mais les habitants de ce district préten-
daient qu'il leur fallait trois journées de marche pour en faire le
tour... Ce lac a peu de profondeur... Son eau est très douce, comme
celle de tous les lacs de l'Afrique équatoriale, pendant tout le temps
qu'elle est haute, et elle devient saumâtre dès qu'elle est basse. »
A la Zouga se joint en amont du lac une grosse rivière, le Chobé,
qui est lui-même grossi du Tso, un des bras du Téoghé. Au reste,
le Téoghé et le Tso ne sont que les deux bras d'une rivière qui vient
du nord-ouest, l'Embarras. Autour du lac et des rivières se groupent
quelques petits étangs salés. Le pays est beau, et le docteur affirme
que la Zouga avec ses prairies et ses grands arbres lui rappelait la
Clyde. Il n'eut pas à se louer du chef Léchulatébé, qui lui fit des présents
dérisoires et refusa de le nourrir. La saison était avancée ; il revint
à Kolobeng, mais ce fut pour repartir en avril 1850 ; il voulait arriver
près du fameux chef des Makololos, Sébitouané, qui lui avait fait les
plus belles promesses et qui s'était particulièrement engagé à fournir
abondamment à mistress Livingstone les vivres dont elle aurait
besoin. Il fut toutefois arrêté à mi-route ; la mouche *tsetsé* lui tua
quarante-trois bœufs. La piqûre de cette mouche, qui n'est pas plus
grosse qu'une mouche ordinaire, mais à qui de longues ailes don-

1. Livingstone, naturellement, part du méridien de Greenwich, qui est à
2° 20' à l'ouest du méridien de Paris. Nous avons converti tous ses chiffres, et
nous partons du méridien de Paris.

nent une grande agilité, est mortelle pour le bœuf, le cheval et le chien. Elle est inoffensive pour l'homme, l'âne, le mulet, la chèvre, et, chose étrange, pour le veau tant qu'il est encore à la mamelle. Il fallut rentrer à Kolobeng. Le troisième départ fut plus heureux, et, grâce à un bon guide Bamangouato, le docteur toucha le Chobé à Linyanti et joignit enfin le chef Sébitouané, dont l'accueil fut parfait. « Sébitouané pouvait avoir quarante-cinq ans ; c'était un homme de grande taille, aux membres nerveux, ayant la tête légèrement chauve et la peau café au lait. Plein de réserve et de dignité dans ses manières, il ne mettait pas moins de franchise dans ses réponses. C'est le plus grand capitaine dont on ait jamais parlé au nord de la colonie du Cap. Loin de suivre l'exemple des autres chefs, qui déclaraient la guerre sans en affronter les périls, il conduisait toujours lui-même son armée au combat, tâtant du doigt sa hache d'armes lorsqu'il apercevait l'ennemi : « Elle est coupante, disait-il, et quiconque tentera de fuir en sentira le tranchant. » Livingstone se plaît à tracer le portrait de ce chef : on le voit, en effet, à ce moment très attentif à étudier le caractère et les mœurs des populations au milieu desquelles il se trouve et des hommes qui les gouvernent. Il détermine avec soin la race et distingue les tribus ; il compare les Makololos qui le reçoivent aux tribus qui, au nord, sont également sujettes de Sébitouané : les Barotsés, les Batakas, les Bashoukoulompos, les Banyétis, les Balobalès. Tous, ils sont soumis à un dur régime, car le chef pardonne rarement aux coupables, surtout aux lâches, qu'il fait exécuter sans pitié après les expéditions. « Vous avez mieux aimé mourir après la guerre, dit-il en les condamnant, que dans le combat. Vous serez servi selon votre désir. » Cependant ils sont plus heureux que d'autres tribus, celles mêmes qu'ils combattent, où chaque jour la vie et la liberté des hommes sont à la merci d'un caprice ou d'une faveur. Plus heureux, ils sont meilleurs, plus laborieux, plus honnêtes : ils ne volent ni ne pillent, ils s'attachent à leur famille, à leur cabane, au sol qu'ils cultivent : régime étrange au fond, où les sujets valent ce que vaut le roi.

Mais d'autres soins ne tardent pas à percer dans le récit du missionnaire. Ses yeux passent des hommes à la terre ; il s'inquiète de la direction des montagnes, des rivières. Le lac Ngami forme le fond d'un bassin, mais il ne reçoit de l'est que des cours d'eau peu im-

portants. La Zouga elle-même est souvent à sec avant son embouchure; mais les affluents du nord-ouest ont, en tout temps, beaucoup d'eau, et une eau claire et vive qui vient certainement de
hautes montagnes, où la neige doit, dans la mauvaise saison, s'accu-
muler. Les indigènes parlent de grosses rivières qui coulent dans le
nord, les unes dans un sens, les autres dans un autre, et de grosses
montagnes qui les alimentent. Alors, ces grands déversoirs dont les
bouches sont connues : l'Ogoué et le Congo à l'ouest, le Zambèze à
l'est et qui n'ont été réellement visitées que jusqu'aux montagnes
peu distantes des côtes, que les Anglais désignent sous le nom de
Coast Range, ont leurs sources dans l'intérieur des terres et sont
alimentées par de puissants affluents. Le génie de l'exploration, des
découvertes, qui était resté caché jusqu'alors dans l'âme du missionnaire, se révèle soudain et la pensée surgit en lui de chercher
la structure de l'Afrique, d'en saisir le relief, d'en déterminer les
pentes, d'en établir enfin l'orographie et l'hydrographie. Son attention ne se borne pas aux grands cours d'eau que nous venons de
citer, elle les dépasse; et il se demande si, en trouvant le régime
des eaux au sud de l'équateur, il ne rencontrera pas celui des eaux
du nord. D'après ce qu'il entend dire, d'après ce qu'il voit déjà,
l'Afrique équatoriale, qu'on a cru longtemps sèche et stérile, est un
pays de fleuves et de gros fleuves, de lacs fréquents et étendus ; ne
renfermerait-elle pas un grand réservoir d'où s'épandraient les eaux
dans toutes les directions? Dès lors, ne serait-il pas possible de
résoudre complètement le grand problème des sources du Nil? Nil,
Congo et Zambèze ne se toucheraient-ils pas, pour ainsi dire, en leurs
sources ? N'auraient-ils pas pour mère commune cette puissante
région des pluies où la mauvaise saison, suivant les indigènes,
est marquée par de vrais déluges qui, enflant les rivières et les
lacs, les rapprochent et parfois les unissent ?

Il ne s'agit plus, par suite, d'accomplir des excursions relativement
courtes, des excursions patriarcales, de famille, mais de longs,
rapides et pénibles voyages d'exploration. La réputation du docteur,
son caractère religieux lui seront une puissante protection. Son
courage, son sang-froid, son intelligence conjureront bien des dangers; mais n'en rencontrera-t-il pas d'inattendus, d'insurmonta-
bles? et peut-il exposer sa femme, ses enfants? Sa résolution est
promptement prise : il les ramène en arrière, et, comme pendant

une longue absence Kolobeng ne lui paraît pas même un asile sûr, il les conduit au Cap et de là les envoie en Angleterre (1852). Il avait bien raison, car sa maison ne tarda pas à être détruite par les Boers.

Le pauvre docteur avait grand besoin, du reste, de se retrouver dans une ville bien approvisionnée par l'industrie et le commerce de l'Europe; depuis douze ans, il n'avait pas reçu de salaire; depuis douze ans, il portait le même habit, et sa femme les mêmes robes; il l'avoue, ses enfants étaient demi-nus. La caisse des missions remplit sa bourse; son compagnon Oswell, que la chasse avait enrichi, lui fit une part dans ses bénéfices, et mistress Livingstone put, avant de s'embarquer, se pourvoir d'un trousseau et pourvoir ses enfants. En même temps, la gloire qu'il n'avait pas cherchée, et dont le voyageur allait bientôt sentir l'aiguillon, le missionnaire l'obtenait déjà : la Société de géographie de Paris, pour la découverte du lac Ngami, lui avait décerné sa grande médaille d'or.

III

Livingstone ne resta pas longtemps au Cap, et il atteignit Klaarwater en traversant de nouveau le désert de Kalaharri; c'est un désert, si l'on veut, si l'on peut appliquer ce nom à une immense prairie couverte d'une herbe rare et courte, coupée de quelques bois rabougris et de larges marais; c'est une contrée assez semblable aux landes du sud-ouest de la France. Un sol de pierre, imperméable, conserve des eaux qui, ne s'écoulant pas et s'altérant, détruisent toute fécondité et ne livrent aux hommes et aux bestiaux qu'un terrain de pacage; on y trouve des parcs de bœufs, de moutons et aussi d'autruches dont le plumage donne un riche revenu. Chaque autruche rapporte par an, en moyenne, 1,250 francs.

On sait qu'en 1840 le docteur, parti d'Algoa, avait voyagé à l'est; en comparant ses premières notes à celles que lui fournissait son nouveau voyage à l'ouest, il comprit la structure de l'Afrique au sud de l'Orange : montagnes élevées à l'est jusqu'à l'Océan indien; plaines basses et prairies pauvres à l'ouest jusqu'à l'Atlantique; au centre, des collines sans fertilité et sans culture, séparées par des cours d'eau temporaires et dès lors malfaisants. Au nord de l'Orange, les montagnes se relèvent et décrivent une courbe qui, du sud-est au nord-ouest, semble, des sources de ce fleuve tributaire de l'Atlantique, gagner les sources d'un ou de plusieurs fleuves tributaires de l'Océan indien, le Limpopo et surtout le Zambèze que les indigènes lui avaient signalé et qu'il allait chercher.

Il s'arrêta à peine à Kuruman, et même à Kolobeng où sa maison n'existait plus, et, en novembre 1852, il partit pour ne plus revenir. Il atteignit bientôt Linyanti sur le Chobé; la fièvre l'y retint, une fièvre du pays, assez maligne, qu'il combattit avec les remèdes de l'Afrique et de l'Europe, et ce sont ces derniers qui triomphèrent. Comme il le dit, il devait souvent renouveler connaissance avec cette fièvre qui sort des émanations des rivières et des marais, et qu'entretiennent l'ardeur des jours et la fraîcheur des nuits. Ces environs de l'équateur ont trop d'eau et trop de chaleur et de soleil, ils sont très fertiles et très malsains; une végétation puissante s'y développe et en même temps de terribles maladies. L'homme y est attiré et séduit, mais il y vit avec peine dès qu'il n'y est pas né; il y dépérit, et il y meurt; l'extrême chaleur est plus dangereuse que l'extrême froid, et l'équateur a fait plus de victimes que le pôle nord.

Le nouveau chef, Sékélétou, était animé de la même bienveillance que son prédécesseur Sébitouané, et le docteur, secouru, guéri, descendit le Chobé, ce double fleuve qui va d'un côté au Ngami et de l'autre au Zambèze, près de Séshéké. Le Chobé lui avait présenté des bords admirables, des cataractes imposantes et des rapides pittoresques. Le Zambèze le saisit bien autrement; quelle masse d'eau imposante! Elle annonce un grand fleuve qui vient de loin, qui reçoit de gros affluents, et, par son cours tumultueux, elle indique une forte pente; les montagnes de la ceinture du bassin doivent, à l'ouest et au nord, être éloignées et très élevées. Le docteur n'oublie pas de noter dans son récit les traits nouveaux qu'il découvre dans les mœurs et dans le caractère des habitants et de leur chef; mais on le sent, c'est la nature qui, maintenant surtout, l'intéresse. Comme il relève curieusement les noms expressifs dont se servent les indigènes : Séshéké, c'est le banc de sable blanc sur le bord de l'eau; le Zambèze, c'est le fleuve par excellence, le beau fleuve, *Liambye*, *Louambyi*, *Louambési*, *Ambési*, *Ojimbési*, *Zambézi*; c'est

2

toujours le même sens et le même mot, le grand fleuve coulant à pleines rives. Quelle belle voie de navigation, si les accidents du terrain, et par conséquent du *thalweg*, ne déterminaient des arrêts infranchissables, rapides ou cataractes ! Quelles vues soudaines et attrayantes ! Le docteur remonta la rive droite, chez les Barotsés, qui successivement lui montrèrent les rapides de Katimamoleto, les cataractes de Nambou, de Kalé-Bambou, de Kalé, la grande chute de Gonyé ; des canots suivaient, et ils étaient souvent d'un bon secours ; on ne les abandonna qu'après avoir fait cinq cents kilomètres et vers le 13° de latitude sud. Les affluents de la rive gauche n'apportaient qu'une médiocre quantité d'eau, mais ceux de la rive droite, que remontait Livingstone, roulaient un énorme volume ; ce sont la Simah, le Longo, la Kama, le Lokoko, le Lœti ; chaque confluent était marqué par un village souvent considérable, comme Naméta, Naliélé ; et les indigènes parlaient des grands bois, des hautes prairies de l'ouest. Ces Barotsés sont doux ; le docteur se souviendra d'eux plus tard, au milieu des cruelles populations du Tanganyika que la perfidie des marchands arabes, la cruauté des chefs et le fléau de l'esclavage exaspèrent ; il les loue pour leur docilité à l'écouter et à se convertir, pour leur attachement à leurs femmes et à leurs enfants, pour leur application au travail ; ils labourent la terre qui leur donne du blé, des légumes ; ils soignent leurs arbres, leurs troupeaux. Ils sont toutefois chasseurs intrépides ; ils poursuivent l'éléphant, l'hippopotame, tous les fauves ; ils attaquent le lion et surtout la terreur de leurs rivières, le monstrueux alligator. Tout abonde en ces plaines primitives : bêtes utiles, bêtes nuisibles, oiseaux ; et la nuit, par une claire lumière, près des rivières, quel spectacle qui fait rêver des anciennes époques de la terre, alors qu'en l'absence de l'homme les animaux y régnaient !

Cependant, un peu au sud du 14°, à 14°20′, se rencontre un gros confluent : le Zambèze vient de l'est évidemment, et il reçoit un affluent du nord, le Liba. Le premier mouvement du docteur fut de remonter à l'est le grand cours d'eau, le Zambèze ; mais où irait-il ainsi ? Il continua sa route au nord et remonta avec les canots le Liba jusqu'à Nyamoana. Il passa alors sur la rive gauche et la suivit jusqu'au lac Dilolo ; à Kabompo, un nouveau chef, Shinté, le combla d'attentions et de présents ; l'amitié des souverains noirs allégeait ses dangers et ses fatigues. Il ne s'arrêta pas à Kabompo, ni à

Katema près du lac Dilolo; il était attiré au nord-ouest par un pays
dont les Portugais avaient raconté des merveilles, le fabuleux Cassange qui, dans plusieurs légendes, avait pris le prestige du fameux
Eldorado. Puis les naturels assuraient que les rivières dans ce pays
coulaient vers le nord ; et comme le docteur montait toujours, qu'il
estimait déjà à mille mètres l'élévation des montagnes qu'il avait
devant lui, il lui sembla qu'il arrivait enfin à une chaîne de partage,
et que les montagnes, se bifurquant à l'ouest et au nord, allaient
marquer le faîte de deux versants, du versant indien et du versant
de l'Atlantique.

En effet, il trouva bientôt le Kasaï qui vient du sud et qui a beaucoup
d'eau, puis d'autres rivières moins fortes qui toutes avaient la même
direction et paraissaient ses affluents. Cette contrée montagneuse
était difficile à traverser et ses compagnons furent souvent saisis de
découragement. Mais il sut les relever et les contenir ; dans de
pareilles entreprises le succès dépend du chef qui les dirige. Ce missionnaire si calme et si doux, qui chaque jour encore faisait enten-
dre la parole divine, se portait hardiment sur un chemin inconnu,
semé de périls, donnait à tous la confiance et le courage. Que lui
faisaient les chemins ardus, coupés de précipices? Que lui importaient les hommes nouveaux, Chiboques ou Bassongos qu'il rencontrait, plus noirs que ses compagnons et dont ceux-ci s'effrayaient?
Il avançait plein de sérénité. Il passa le Coango qui coule encore vers le nord, franchit un nouveau faîte, le Tala-Mungongo,
et descendit dans le bassin de la Coanza. La géographie s'éclaircit
sous ses yeux : tous les cours d'eau qu'il a rencontrés depuis qu'il est
sorti du bassin de Zambèze appartiennent ou à un lac intérieur ou au
Congo. Il apportait de l'ivoire que lui avait donné Sékélétou, et, bien
reçu à Cassange, il le fut aussi dans tous les comptoirs qui se multi-
plièrent sous ses pas jusqu'à Saint-Paul de Loanda, où il arriva le
31 mai 1854.

L'étonnement des Portugais fut grand quand ils virent cet Anglais
qui, parti du Cap, avait traversé l'Afrique du sud au nord jusqu'au
Zambèze qu'il avait touché au milieu de son cours; qui avait remonté
ce fleuve, puis un de ses affluents, et enfin de vallée en vallée atteint
Loanda et l'Atlantique. Ils lui firent un sympathique accueil et le
conduisirent chez le commissaire de la Grande-Bretagne, M. Gabriel.
Livingstone était malade : « A la fièvre qui me dévorait, écrit-il,

s'était jointe une dysenterie qui m'obligeait à descendre du bœuf qui me portait toutes les dix minutes, quelquefois plus souvent; et quittant les grands ombrages de la Montagne pour traverser la plaine stérile qui précède Loanda, je me sentais profondément découragé. Mes compagnons l'étaient aussi; ils se figuraient la terre comme une plaine sans limites, et devant l'Océan qu'ils contemplaient avec un respect mêlé d'effroi, ils s'étaient écriés: croyant ce que nous avaient dit nos anciens, nous pensions avec nos pères que le monde n'avait pas de bornes, et le monde nous dit tout à coup : c'est ici que je finis, au delà je n'existe plus. » M. Gabriel montra un cœur véritablement anglais, il offrit au docteur sa propre chambre. « Je n'oublierai jamais la sensation délicieuse que j'éprouvai en me retrouvant dans un bon lit après avoir couché pendant six mois sur la terre. Je m'endormis aussitôt et mon hôte qui vint me voir immédiatement se réjouit du sommeil profond dans lequel j'étais plongé. »

Ce ne fut qu'en août que le docteur enfin guéri put reprendre le chemin de l'intérieur. Il voulut visiter la Coanza, en estimer le cours, la rapidité et la profondeur, en calculer le débit. Il a toujours dans ses voyages attaché beaucoup d'importance au volume des rivières qu'il a traversées, préjugeant d'après lui la longueur du cours et la force des affluents. Déjà il pensait que ces voies « qui marchent » révèleraient les secrets de cette Afrique impénétrable et que par elles l'Europe enfin y entrerait. Il fit donc deux « crochets » au sud, l'un à Massangano et l'autre à Pongo-Andongo, et, se lançant ensuite au nord-est, il traversa plus au nord que la première fois les affluents du Kasaï et le Kasaï lui-même et atteignit la demeure d'un autre chef africain, Matiamvo, qui, le sachant sur ses terres et jaloux de la conduite de Shinté et de Sékélétou, l'avait appelé. L'empire de Matiamvo, disait-on, s'étendait au loin à l'est, et le docteur espérait obtenir des renseignements sur le Zambèze qu'il avait quitté vers le 14° degré de latitude, qu'il avait vu venir des régions orientales et qu'il n'avait pu, qu'il ne pourrait pas même au retour remonter. On lui parla vaguement de montagnes qui se prolongeaient vers le soleil, de lacs entre lesquels elles passaient, de cours d'eau qui alimentaient le « grand fleuve par excellence » et qui traversaient le pays vassal de Cazembé. Là, sans aucun doute, était l'origine du Zambèze, mais quelle était-elle réellement? on ne pouvait le dire. Tout était conjecture et perplexité. Livingstone revint au lac Dilolo et au Liba. Shinté l'accueillit à bras ouverts et lui donna tous les moyens de retourner chez Sékélétou. Les Makololos, qui s'étaient enrichis à Loanda dans un commerce improvisé de bois et dans le déchargement de navires chargés de houille, « ces pierres qui brûlent, » dont ils rapportaient des échantillons pour émerveiller leurs compatriotes, avaient hâte de revoir leurs demeures ; ils rentrèrent comme en triomphe à Séshéké. Ils eurent bien quelques déceptions ; par exemple, comme elles avaient cru qu'ils ne reviendraient jamais d'un si long voyage, leurs femmes s'étaient remariées ; ils se consolèrent en racontant leurs exploits, et pour la plupart ils suivirent à Linyanti leur « maître et seigneur qui leur avait fait voir toute la terre », et ils se reposèrent avec lui, septembre 1855.

Livingstone ne pouvait rester longtemps inactif, et dès le 3 novembre il quittait de nouveau Linyanti. Il connaissait le cours moyen du Zambèze ; il n'avait pu rechercher le cours supérieur ; le cours inférieur l'attirait ; il voulait le suivre à partir de Séshéké et achevant la traversée de l'Afrique, déterminer la structure de ce continent. Le célèbre sir Roderic Murchison avait affirmé à la Société de géographie de Londres que depuis Séshéké jusqu'à l'Océan indien les montagnes devaient descendre par étages. Livingstone tenait à confirmer cette assertion ou à la détruire. Sékélétou l'accompagna lui-même avec deux cents hommes jusqu'au Zambèze, il lui faisait honneur et lui prouvait son amitié. Le missionnaire se retrouvait à tous moments dans le voyageur et l'explorateur : doux, humain, compatissant et secourable, il se faisait aimer de tous ceux qui l'approchaient ; qu'on en juge par les adieux que lui fit Mamiré, le beau-père de Sékélétou : « Vous allez chez des tribus à qui nous ne voudrions pas nous confier, parce que nous avons eu de grands torts à leur égard ; mais vous leur portez des nouvelles que personne n'a jamais entendues, et Jésus vous protégera au milieu de nos ennemis. S'il vous conduit sûrement et que, vous ramenant ici avec Ma-Robert, il me permette de vous revoir, je dirai qu'il a répandu sur moi la plus grande de ses faveurs... Puissiez-vous trouver un sentier qui vous conduise chez les tribus étrangères et qui amène chez nous les blancs et les peuples des autres pays. » Ma-Robert, c'est mistress Livingstone que les indigènes chérissaient à l'égal de son mari et qu'ils désignaient en ajoutant au mot *Ma* qui signifie mère le nom de son fils aîné. On peut voir, par les paroles de Mamiré, que Livingstone et sa femme avaient bien établi la réputation des chrétiens et que, loin de les fuir, on les appelait.

Le docteur, en remontant le fleuve, avait vu de belles cataractes, de belles chutes ; mais aucune, au dire des indigènes, ne peut se comparer à celle de Kalaï, en aval de Séshéké : « Avez-vous dans votre pays de la fumée qui fait le bruit du tonnerre ? » ajoutent-ils. Jamais ils ne se sont approchés de la cascade; ils ne l'ont vue qu'à distance, et, frappés de la colonne de vapeur qui s'en élève et du bruit qu'elle répand, ils se sont écriés : *Mosi oa tounya*, la fumée tonne là-bas. « Persuadé, continue l'auteur, que, M. Oswell et moi, nous sommes les premiers Européens qui aient visité les rives du Zambèze, certain, dès lors, que cette cascade est inconnue parmi nous, j'ai usé du droit de la baptiser à mon tour et je l'ai appelée : *Chute de Victoria*. C'est la seule fois que j'aie pris la liberté d'appliquer un nom anglais aux lieux et aux choses que j'ai trouvés sur ma route. » C'est un pieux hommage rendu à la reine et sorti d'un cœur vraiment anglais. Il faudrait ici rendre le récit tout entier : « Nous apercevons cinq colonnes de vapeur qui cèdent au souffle du vent; elles sont blanches à la base et, comme de la vraie fumée, s'assombrissent en haut... tout le paysage est d'une beauté indicible; de grands arbres aux couleurs et aux formes variées garnissent les bords du fleuve et les îles dont il est parsemé ; chacun a sa physionomie particulière et plusieurs d'entre eux sont couverts de fleurs : le massif baobab, dont chaque branche formerait le tronc d'un arbre énorme, se déploie à côté d'un groupe de palmiers dessinant leurs feuilles légères sur le ciel... le mohonono argenté... le sombre motsouri... quelques-uns de ces arbres ressemblent à nos grands chênes ; il en est d'autres qui rappellent nos ormes séculaires et nos vieux châtaigniers : néanmoins, personne ne peut se figurer la beauté de ce tableau d'après ce qui existe en Angleterre. Jamais les regards des Européens ne l'ont contemplé ; mais les anges doivent s'arrêter dans leur vol pour l'admirer d'un œil ravi. Des collines de cent à cent trente mètres de hauteur, couvertes d'arbres qui laissent apercevoir entre eux la nuance rutilante du sol, bornent la vue de trois côtés. Il ne manque au paysage que des cimes neigeuses se confondant avec l'horizon... La rivière est basse et nous permet d'atteindre un lieu qu'il est impossible d'approcher lorsque les eaux sont grandes ; mais bien que nous ne soyons plus séparés de l'abîme que par une très faible distance, personne, je le suppose, ne pourrait voir l'endroit où cette masse d'eau va s'engouffrer. La lèvre opposée de la fissure où elle disparaît n'est pourtant qu'à cinq mètres de nous tout au plus. Je gravis avec émotion la rampe du précipice, je regarde au fond d'une déchirure qui traverse le Zambèze d'une rive à l'autre, et je vois un fleuve de mille mètres de large tombant tout à coup à plus de trente mètres de profondeur, où il se trouve comprimé dans un espace de quinze à vingt mètres de large. L'abîme est tout simplement une rupture de la chaussée de basalte, crevasse profonde qui, après avoir croisé le lit du fleuve, se prolonge au nord du Zambèze à travers une chaîne de montagnes, sur un espace de cinquante à soixante-cinq kilomètres. Figurez-vous, à Londres, immédiatement au delà du tunnel, des collines boisées s'étendant jusqu'à Gravesend ; supposez une couche de basalte à la place du terrain fangeux de la ville ; imaginez une fissure d'un bout à l'autre du tunnel ; donnez à cette crevasse une longueur de soixante-cinq kilomètres, à son ouverture un écartement de vingt-cinq à trente mètres à peine ; représentez-vous la Tamise se précipitant tout entière au fond du gouffre où elle se détourne et bondit en rugissant à travers les collines qui se déploient à la gauche, et vous aurez une idée approximative du spectacle le plus saisissant que j'aie contemplé en Afrique. » Cette chute est sur le 18° de latitude sud par 23°20′ de longitude est.

Il était impossible de suivre le fleuve, et l'expédition, prenant à travers les montagnes de la rive gauche son chemin vers le nord-est, ne le retrouva que sur le 16° de latitude, par 25° 25′ de longitude. Il recevait là un gros cours d'eau venant de l'ouest, qui n'est peut-être qu'une dérivation du haut cours ; car au nord des montagnes le terrain s'abaisse et semble, aussi loin que l'œil peut s'étendre, ne former qu'une plaine basse et marécageuse. La rivière retrouvée, on la suivit pendant trois cents kilomètres, rencontrant bien des affluents, mais un seul important, la Loangoua ; puis, comme elle s'engageait dans les bas-fonds de Chicova, vraiment impraticables, séjour de la fièvre et de toutes les misères africaines, on prit sur la rive droite un chemin dans les monts Vunga et Lobola ; sur les hauteurs résident l'air pur et la santé. A Tèté seulement, 30° 10′ de longitude, on regagnait la rivière. C'était la limite des explorations connues des Portugais et de leurs établissements ; on entrait comme en pays européen. Depuis la chute Victoria, on avait déjà descendu un second étage à

Mpata, 27° de longitude; on en descendit un troisième à **Lupata,** 31° de longitude, et il n'y eut plus qu'à laisser glisser les canots jusqu'au confluent du Chiré, qui frappa l'esprit de Livingstone; ne disait-on pas qu'il venait d'un grand lac? et il amenait un fort volume d'eau. Enfin, le 31 mai 1856, on atteignit à Quillimané l'embouchure même du fleuve, par 18° de latitude et 34° de longitude. La traversée de l'Afrique était accomplie et Murchison justifié; entre Loanda et Quillimané, la ligne de partage d'eau s'élève à l'est du fleuve sur le 20° de longitude, et des deux côtés les montagnes s'étagent et descendent sur les deux Océans, dessinant un immense bassin à l'est et deux grands bassins à l'ouest.

Quoique médecin, Livingstone n'avait pas pu complètement vaincre le climat et, pendant six semaines, à Quillimané, il souffrit d'une fièvre tierce; il lui tardait de partir pour l'Angleterre, de revoir son vieux père (il ignorait sa mort), sa femme, ses enfants; il était parti obscur, il revenait illustre, et, bien que pasteur et missionnaire, il était doucement sensible à la gloire qui l'attendait. Enfin, le 12 juillet, le *Frolic* le prit à son bord et le conduisit à l'île Maurice, où il recouvra la santé. La *Candia*, vaisseau de la Compagnie orientale, le mena à Suez, et le 22 décembre il « se retrouva dans la vieille Angleterre, qu'il avait quittée depuis seize ans ». Il rentrait joyeux et reconnaissant; les derniers mots de son récit le prouvent: « Je n'ai pas mentionné la moitié des faveurs qui m'ont été faites, des bontés dont on m'a comblé en tout lieu; mais je termine en disant que personne n'a plus de motifs que moi de se sentir reconnaissant envers ses semblables et de rendre grâce au Créateur des hommes. Puissé-je en être plus humblement dévoué aux intérêts de mes frères et au service de Celui de qui tous les biens procèdent ! »

IV

Livingstone, si heureux de retrouver sa famille, ne se complaît cependant pas dans le repos; en écrivant le récit de ses voyages, de ces seize années si bien employées, sa pensée se reportait naturellement vers le Zambèze; il avait comme la maladie du retour. Ce grand fleuve, il ne le connaissait pas complètement; deux fois il avait été forcé de s'éloigner de ses bords; de ses affluents il n'avait relevé que les bouches ; les plus importants, sur la rive gauche, annonçaient par le volume de leurs eaux un long cours et des sources abondantes. D'où venaient-ils? Le Chiré surtout le tourmentait; qu'était-il? Qu'était ce grand lac d'où les naturels le faisaient sortir? Tenait-il à ces grands réservoirs qui occupaient le plateau central? Naturellement il arrivait à tourner et à retourner dans son esprit le grand problème des sources du Nil, qui occupait tous les Anglais et que cherchaient alors à résoudre Burton et Speke. Ce Nil naît au sud de l'équateur; sa source n'est-elle pas voisine de la source du Zambèze ou du Chiré? Un mystère éclairci ne peut-il en éclaircir d'autres? Ces régions si pleines d'eau envoient peut-être des courants de divers côtés; peut-être sont-elles tributaires des trois mers africaines? Dès lors il faut revoir le Zambèze, achever le relevé de son cours, puis partir au nord ; les voies sont ouvertes sur le fleuve et ses affluents; il suffit, pour les suivre, d'un petit navire que la vapeur fera mouvoir, et les bois des rivages nourriront la chaudière.

L'expédition quitta l'Angleterre le 1er mars 1858 sur le steamer colonial *The Pearl*. Il portait, divisé en trois parties, un petit vapeur, *Ma-Robert*; on connaît ce nom; on le lui avait donné en l'honneur de mistress Livingstone.

Le docteur emmenait avec lui son frère, Charles Livingstone, et un savant ami, le docteur naturaliste Kirk. Il prit le Zambèze par ses bouches, qu'il se proposait d'étudier tout d'abord; et à peine y fut-il arrivé que *Ma-Robert*, reconstruit, fut mis à flot, et l'exploration commença. Le Zambèze se termine par un delta, comme tous les grands fleuves qui ont une source très élevée, qui, dans une longue course, se maintiennent sur une pente rapide et qui, à quelque distance de la mer, arrivent sur un terrain bas et d'une pente pour ainsi dire insensible. Ce delta commence à Shupanga, à soixante kilomètres de la côte; les deux bras principaux sont, au nord, le Quillimané, et au sud le Zambèze proprement dit, séparés par quarante kilomètres de mer; entre eux, cinq autres bras se distinguent, dont deux sont constants : l'Indian-River et le Nameara; au sud du bras qui porte le nom de Zambèze, le Kongoné, et enfin les deux Louabo, l'oriental et l'occidental, portent à dix le nombre des canaux par lesquels, au moment des crues, les eaux se déversent. Ces canaux se déplacent quelquefois et ils sont parfois réunis entre eux par des canaux intérieurs ; souvent même le delta est tout entier inondé. On remarque, en effet, deux crues annuelles, l'une peu considérable, d'avril à mai ; l'autre très considérable, de novembre à février ; cette dernière couvre tous les terrains bas de la vallée. Si nous comparons les inondations du Nil et celles du Zambèze, nous voyons qu'elles se succèdent réellement ou plutôt qu'elles alternent ; et cette succession, cette alternance indique que les réservoirs de l'un sont au nord de l'équateur et ceux de l'autre au sud. Cette remarque est du docteur Kirk, qui divise justement « l'année zambézienne » en trois saisons : froide, chaude et pluvieuse ; trois mois d'hiver : mai, juin et juillet ; trois mois d'été : août, septembre, octobre, et le reste pour les pluies.

L'exploration du delta mena le docteur jusqu'à son sommet, à Shupanga ; le Zambèze n'avait jusqu'alors été sillonné que par des pirogues ; pour la première fois, un vrai navire remontait son cours, et un navire à vapeur qui ne se comportait pas toujours régulièrement ; sa chaudière, mal établie, brûlait beaucoup de bois, et chaque jour il fallait atterrir pour renouveler la provision. Heureusement, le docteur Kirk était autant mécanicien que médecin ; il sut réduire le foyer et, tout en diminuant la voracité, augmenter la puissance ; les indigènes, qui s'amusaient à le devancer dans leurs bateaux à rames, et qui, ironiquement, le surnommaient l'*Asthmatique*, se prirent à le respecter. Au reste, le navire marchait aussi à la voile, et les deux forces motrices étaient souvent utilisées. On partit de Shupanga pour la reconnaissance définitive du fleuve, le 17 août 1858 ; on dépassa le confluent du Chiré, Senna, Lupata et on arriva à Télé. Ici Livingstone rencontrait un des deux grands tronçons du fleuve, que précédemment il n'avait pu explorer ni à pied ni en barque ; pour éviter les bas-fonds de Chicova, il s'était jeté dans les montagnes de la rive droite. Ce tronçon de deux cents kilomètres, il en commença le relevé ; mais il s'arrêta devant les rapides de Kebrabasa, qu'il visita en barque ainsi que la cataracte de Morumboua. Il retrouva là d'anciens amis, des Makololos, qui avaient peine à reconnaître sous des habits neufs et solides celui dont ils avaient si longtemps connu les habits vieux et usés ; quelques-uns s'élançaient pour l'embrasser, mais les autres criaient : « Ne le touchez pas ; ne gâtez pas ses beaux habits. »

Il n'alla pas plus loin et revint à Télé. Il se sentait attiré vers le

Chiré, cette grosse rivière qui vient du nord et d'un lac immense, disait-on, et que personne n'avait encore remontée ; son esprit curieux ne pouvait résister aux sollicitations de ce grand inconnu. De Tété il fut bientôt au confluent des deux rivières et commença son expédition en janvier 1859. Pendant quarante kilomètres, *Ma-Robert* lutta contre une énorme quantité de lentilles d'eau, qui viennent d'un lac qui est à l'ouest ; enfin, on fut en eau libre ; les indigènes, d'abord hostiles, se laissèrent gagner par Livingstone, qui put arriver, par 16° 10′ de latitude, aux cataractes de Mamvira, qu'il appela cataractes de Murchison. Le missionnaire reparaît au milieu de ces peuples nouveaux. Ecoutons-le : « Quand on leur dit que le fils de Dieu est venu parmi les hommes et nous a laissé un livre où ses paroles sont écrites, on est sûr d'éveiller leur attention. La grande difficulté est de leur faire comprendre qu'ils ont des liens de famille avec le Créateur et que l'Être suprême s'intéresse à eux... Quand on leur annonce que le Père est irrité contre ses enfants lorsqu'ils se vendent ou se tuent les uns les autres, ils comprennent fort bien et approuvent avec chaleur. »

Le mauvais temps chassa les explorateurs qui rentrèrent à Tété, et qui toutefois repartirent pour le Chiré au mois de mars suivant. Ils s'arrêtèrent au sud des cataractes, à Chibisa, et de là se firent conduire à l'est, à un grand lac séparé du fleuve par la montagne de Zomba, qui mesure 2,135 mètres. « Ce lac, le Chirwâ, peut avoir de 95 à 130 kilomètres de long sur 35 de large ; sa hauteur au-dessus du niveau de la mer est de 549 mètres ; l'eau en est un peu saumâtre et a la saveur d'une légère solution de sel d'Epsom. Les bords sont très beaux ; la végétation y est luxuriante. De très hautes montagnes, dont le sommet peut atteindre 2,500 mètres, s'élèvent à l'est et forment la chaîne de Milanje. Leurs cimes abruptes qui dominent les nuages ou qui s'en couronnent donnent à la scène un caractère de grandeur. » On revint à Chibisa pour regagner Tété et ensuite la côte où, à l'entrée du Kongoné, le brick *Persian* était à l'ancre. Il s'agissait de recevoir des vivres et de réparer *Ma-Robert*, dont les murs d'acier trop minces étaient déjà troués ; le fond était comme une écumoire et laissait entrer l'eau. Il était du reste très petit et incommode ; le constructeur avait trompé la Société de géographie de Londres qui l'avait commandé.

Dès qu'il fut réparé, on reprit en août la route de Chiré, et le 29 on était à Chibisa. Les deux docteurs, Livingstone et Kirk, laissant le navire, marchèrent droit au nord en longeant des monts qui ont gardé le nom de Kirk, et le 16 septembre ils découvrirent le lac Nyassa, précédant de deux mois le docteur allemand Roscher qui y arriva le 19 novembre. Ils se hâtèrent de revenir à l'*Asthmatique*, comme ils appelaient *Ma-Robert*. Il eût été utile de pouvoir le démonter au-dessous des cataractes de Murchison et de le remonter au-dessus pour explorer le lac découvert ; mais c'était impossible. On envoya le mécanicien Rae chercher à Londres un vapeur plus serviable, et en attendant on reprit avec l'*Invalide* la route de Tété.

Le 15 mai 1860, après avoir laissé à l'île Konyimbé le vapeur qui ne marchait plus, Livingstone quitta la station de Tété, tant de fois déjà atteinte et tant de fois quittée, mais cette fois pour explorer le Zambèze. Il revit Kebrabasa, Morumboua ; il entra le 7 juin dans le Chicova qu'il explora et où il découvrit de la houille. De Baroma au Kafoué il avait déjà suivi la rivière, mais en sens inverse ; il l'étudia de nouveau et signala à Zumbo des ruines d'habitations. La domination des Portugais était venue jusque-là et s'était retirée ; près des masures écroulées, Livingstone songe aux anciens jours, et cette solitude qui a tout envahi, plus que jamais il veut la pénétrer. Il continua à remonter le fleuve, et au confluent du Kafoué il reconnut le point où, quatre ans auparavant, il avait retrouvé son cours après l'avoir quitté à la chute de Victoria ; tout cet autre tronçon inconnu, il fallait le relever, et il le releva du 9 juillet au 9 août, en passant par les gorges de Kariba, les rapides de Kavisaro et devant l'île Sinamané. Il revit alors la chute fumante qu'il avait appelée du nom de *sa reine*, et d'en bas, le point de vue changé, il la trouva plus imposante encore : n'est-elle pas plus large que celle du Niagara et deux fois plus profonde ? Il alla à Séshéké où Sékélétou l'attendait ; avec quel plaisir il reconnut le chef et le village ; son premier voyage se représentait devant ses yeux ! Quels récits longs et renouvelés il eut à faire ! Sékélétou aurait voulu voir un *bateau fumant* à Séshéké ; Livingstone disait en riant que la chute de Victoria était infranchissable, et Sékélétou demandait sérieusement si d'un coup de canon on ne pouvait pas la faire sauter.

Le 17 septembre commença le retour, et il se termina le 23 novembre, après six mois d'absence de Tété. Le docteur rentra pour assister à la fin de *Ma-Robert*, que les matelots de garde avaient essayé de réparer, et qui sombra à la première course qu'il tenta de nouveau avec lui; mais en même temps il recevait d'Angleterre un nouveau steamboat, *the Pioneer*, qu'il essaya en mer. On lui avait dit qu'un fleuve, la Rowouma, portait à l'océan Indien les eaux du Nyassa; il en gagna l'embouchure, mais ne pouvant en franchir la barre, il revint au Zambèze, et le 6 août 1861 il reprit le cours bien connu du Chiré. Il s'était muni d'une guigue légère, et au-dessus de Chibisa il la fit porter pendant 65 kilomètres, longueur des cataractes de Murchison, sur une pente de 370 mètres. Au delà il put naviguer, et le courant était si doux qu'il croyait les indigènes qui lui affirmaient que le Chiré n'était en cet endroit que la continuation du lac; en effet, à Pamalombé il est assez large pour paraître un vrai lac, mais toujours marécageux et malsain. «Enfin, le 2 septembre, nous étions sur le Nyassa, où nous nous sentions vivifiés par un air plus frais et plus pur; sur les bords, l'eau est d'un vert clair auquel succède le bleu indigo de l'océan Indien; la profondeur est soudain très grande, et ce n'est que près du rivage qu'on peut jeter l'ancre. Le lac nous parut enfermé dans un cercle de montagnes; mais la belle rampe couverte d'arbres que l'on voit à l'ouest est simplement la tranche d'un plateau élevé. Comme toutes les mers étroites et profondément encaissées, le Nyassa a des tempêtes subites et d'une incroyable fureur... Nous voguions, un jour, tranquillement sur l'eau bleue; tout à coup, sans que rien nous eût avertis, nous entendîmes rugir le vent, et il accourait traînant derrière lui des masses de flots irrités... Pendant six mortelles heures, les vagues les plus effrayantes se précipitèrent trois par trois, leurs crètes écumeuses réduites en poudre. Un apaisement de courte durée suivait chacun de ces triples élans. Si l'une de ces lames à crinière blanche avait frappé notre esquif, nous étions perdus. Enfin la tourmente se modéra et nous pûmes gagner le rivage. »

Livingstone remonta la côte occidentale du lac, puis le traversa en deux jours à la hauteur de l'île Chizumara; il a estimé sa longueur à 350 kilomètres, du 15°35′ au 11°20′, et la largeur à 92 kilomètres. Les cours d'eau tributaires sont peu nombreux et peu considérables, les montagnes sont si voisines. Les rivages sont très fertiles, et la population est plus dense que partout ailleurs en Afrique; elle vit des produits du sol et de la pêche, qui est très-abondante; sans le fléau de l'esclavage, elle serait heureuse. Le 27 octobre, le docteur reprit le chemin du sud et le 8 novembre il rejoignit le *Pionnier*, et le 30 il arriva à la bouche du Kongoné. Un navire amenait mistress Livingstone, qui venait rejoindre son mari, et portait les vingt-quatre parties d'un navire en fer qui était destiné à la navigation du Nyassa et qui reçut le nom de *Lady-Nyassa (dame du lac)*. On résolut de le monter à Shupanga et de le diriger immédiatement sur les cataractes du Chiré. Malheureusement le travail fut long, et il n'était pas fini quand le mois des fièvres, avril, arriva. Les victimes furent nombreuses. « Vers le milieu du mois, mistress Livingstone elle-même fut attaquée, et la maladie fut accompagnée de vomissements opiniâtres. On ne connaît pas de remède contre cet effroyable symptôme, qui d'ailleurs rend toute médication inutile, puisque rien n'est pris qui ne soit immédiatement rejeté. Le docteur Kirk prodigua à la malade tous les soins qu'il était possible de lui donner ; mais elle perdit connaissance et ferma les yeux pour toujours, le dimanche 27 avril 1862, au moment où le soleil se couchait. On fit un cercueil pendant la nuit ; le lendemain on creusa une fosse à l'ombre d'un grand baobab, et le petit groupe de ses compatriotes qui se trouvaient là aidèrent le pauvre mari à enterrer la morte. Le révérend James Stewart lut l'office des morts et les matelots passèrent volontairement plusieurs nuits à l'endroit où elle avait été déposée. Ceux qui ne savent pas combien cette brave et bonne épouse avait su rendre agréable sa maison de Kolobeng, en faire un séjour délicieux, à seize cents kilomètres du Cap, au fond des terres ; quelle heureuse influence elle exerçait sur les rudes tribus de l'intérieur, non seulement comme fille de M. Moffat, mais par ses vertus personnelles, pourront ne pas comprendre qu'elle ait bravé les fatigues et les dangers d'un pareil séjour. Elle les connaissait tous et, dans son désintéressement, elle venait reprendre sa tâche ; mais, au lieu de ce pénible labeur, c'est le repos qu'elle a trouvé : *Fiat, Domine, volontas tua.* »

Depuis Tété jusqu'à la mer, le Zambèze était depuis longtemps connu des Portugais, et depuis quatre ans Livingstone avait assez parcouru ce bas cours pour n'avoir plus rien à y signaler. Mais le Nyassa était pour lui « comme un aimant » et l'attirait. Il l'avait atteint par le sud en remontant le Chiré ; il avait cherché à l'atteindre par le nord en remontant la Rowouma. C'est cette tentative qu'il renouvela. Dès que la *Lady-Nyassa* fut lancée, le 23 juin, il prit la mer et gagna au nord du cap Delgado la bouche de la Rowouma, qui, lui disait-on, sort du lac Nyassa. Il remonta cette rivière, mais dut bientôt s'arrêter. Les populations se montraient hostiles, les bas-fonds étaient fréquents et impraticables ; dès lors, les *portages* se multipliaient ; mieux valait revenir à la première route, au Chiré. En 1863, on revit donc encore les cataractes de Murchison. Quelle infatigable persévérance ! On porta les bateaux au delà et au mois d'août on arriva au Rivi-Rivi, qui vient de l'ouest des monts Kirk ou Moravi. On le remonta, au milieu de populations douces, jusqu'à Chasoundou et Paudio et, de là, on gagna à pied Katosa et le lac, qui fut suivi au nord jusqu'au 12° 28' de latitude. Le docteur revint ensuite à la baie de Kota-Kota, au 13° de latitude, et partit pour l'ouest. Il voulait au delà des montagnes découvrir le régime des eaux et surprendre l'origine de ces grands cours du sud, le Zambèze et ses affluents, et peut-être celle des grands cours du nord, mais il ne put aller que jusqu'à Chunyanga, d'où il vit les basses plaines de l'ouest. Il entendit parler d'un lac Bamba, qui n'était qu'à dix journées de marche ; mais le mauvais temps s'annonçait et les chemins pouvaient devenir impraticables. D'ailleurs, il avait appris, par une dépêche du gouvernement, que le salaire des hommes de l'équipage cesserait le 31 décembre: il fallait revenir. On rejoignit le lac à Molamba le 8 octobre, et le 31 on était au sud des cataractes de Murchison. On n'arriva toutefois que le 13 février à l'embouchure du Zambèze. Livingstone, malade à plusieurs reprises, était astreint à de grandes précautions ; il avançait à petites journées. La *Lady-Nyassa*, remorquée par l'*Ariel*, gagna Mozambique sur une mer furieuse et ensuite Zanzibar. Elle quitta cette île le 30 avril et se dirigea sur Bombay, où elle entra sans être remorquée ; elle était bien petite et pourtant elle avait navigué pendant 4,000 kilomètres. Livingstone la laissa dans les Indes et s'embarqua pour l'Angleterre. Il arriva à Londres le 20 juillet 1864.

<h2 style="text-align:center">V</h2>

Quelle a été jusqu'ici l'œuvre de Livingstone ? De 1840 à 1852 missionnaire, il a prêché l'Évangile à Kolobeng et sur la route qui de Kolobeng mène au Zambèze. En même temps il se préparait à une seconde tâche, conséquence pour lui de la première qu'il n'abandonna jamais, qu'il poursuivit avec un zèle sans cesse plus grand ; il se préparait, en étudiant la langue et les mœurs des populations, à l'exploration de l'Afrique centrale. Revenu du Cap, où il avait conduit sa famille qui n'aurait pu le suivre et qu'il renvoyait en Angleterre, de 1852 à 1856, il partit de Seshéké et remonta au nord le Zambèze et un de ses affluents jusqu'au lac Dilolo, puis, se portant à l'ouest, il traversa les hautes vallées de rivières qui, sans doute, vont au Congo ; il descendit le bassin de la Coanza et arriva à Saint-Paul de Loanda ; ayant repris le même chemin et atteint de nouveau Seshéké, il suivit jusqu'à Quillimané le cours du Zambèze, sans pouvoir le relever entièrement. Il est le premier Européen, qui, de l'ouest à l'est, ait accompli la traversée de l'Afrique. De 1858 à 1864, il compléta la reconnaissance du Zambèze, et, dans quatre expéditions successives, explora le cours du Chiré et les lacs Chirwa et Nyassa. Le récit de ce second voyage fut écrit à Newstead-Abbey, dans la maison du docteur Wilson, missionnaire d'un très-grand mérite et excellent ami, chez lequel il resta jusqu'en avril 1865. Il dit lui-même en *post-scriptum* : « Tout ce volume, tiré de mon journal et de celui de mon frère, a été rédigé sous le toit du docteur Wilson, et c'est avec une profonde reconnaissance que je me souviendrai toujours de son inépuisable bonté. »

Il ne lui convenait pas d'en jouir définitivement : le missionnaire explorateur songeait sans cesse à ces noirs qu'il voulait convertir au christianisme et soustraire à la traite et à l'esclavage, à ce centre de l'Afrique qu'il voulait connaître, à ce grand bassin d'eau dont il voulait saisir toutes les dérivations. « Je me propose, dit-il, de pénétrer dans l'intérieur des terres, au nord des possessions portugaises et d'y introduire le système qui a produit de si heureux effets sur la côte de Guinée, système dans lequel l'établissement d'un commerce licite et celui des missions chrétiennes se joignent contre la traite aux efforts des croiseurs. J'espère, cette fois, remonter la Rowouma, ou quelque autre fleuve ayant son embouchure au nord du cap Delgado ; je ferai mon possible pour côtoyer le bord septentrional du lac Nyassa, puis la rive sud du Tanganyika, afin de reconnaître la ligne de partage des eaux de l'Afrique. » Il était comme possédé de l'espoir de déterminer les sources du Nil en même temps que celles du Zambèze. Dans son esprit, les deux découvertes étaient comme corrélatives, et il ajoutait « qu'en entreprenant cette tâche, son désir n'était pas d'ébranler ce qui a été fait au prix de tant de fatigues et de périls par MM. Speke et Grant, mais plutôt de confirmer leurs célèbres découvertes ». Il devait réussir : il avait le courage, l'expérience, il avait la bonté ; il savait s'imposer et plaire. Les noirs disaient de lui : « Il est bon, » et il n'avait couru de dangers que là où les blancs avant lui, les Arabes, avaient, avec le fléau de l'esclavage, porté le pillage, le meurtre et l'incendie. Il avait la santé, et comme il avait déjà triomphé du climat africain, il croyait bien qu'il en triompherait encore. On l'a vu à son passage à Paris, chez M. le baron Nau de Champlouis : « Plutôt petit que grand, plutôt trapu que mince, il avait la physionomie calme et grave ; le seul trait qu'on y pût lire était une volonté tenace. Il portait alors l'uniforme des consuls anglais, une tunique bleue avec une casquette à galons d'or, analogue à celle de nos officiers de marine. Sur une carte il montra, au cours de la conversation, la région à partir de laquelle il ne redoutait plus rien des indigènes. » C'était celle que n'avaient pas dépassée les marchands arabes à la recherche de l'ivoire et de l'*ébène ;* on sait que par ce mot *ébène*, ils entendent les esclaves noirs.

En 1864, Livingstone était sorti de l'Afrique par Zanzibar ; c'est par Zanzibar qu'il y rentra le 28 janvier 1866. Il y prépare son expédition et quand il part sur le *Penguin*, le 19 mars, la mission religieuse domine son âme, car il dit : « J'espère que le Très-Haut me soutiendra dans mon œuvre, m'accordant de l'influence sur les païens et m'aidant à leur rendre mon voyage profitable. » Il ne put entrer dans les bouches de la Rowouma qui étaient ensablées. Il débarqua un peu au nord, dans la baie de Mikinedani ; il atteignit la rivière le 14 avril, un peu en amont du lac Tchidia (11° 15' de latitude sud et 37° 50' de longitude est). Il la remonta sur la rive gauche qu'il quitta pour passer sur la rive droite à Matammbwé en aval du confluent du Loenndi, le 19 mai (35° 40' de longitude) ; et la rive droite, il la remonta jusqu'au village de Mtenndé, qu'il toucha le 1er juillet (34° 14' de longitude). La rivière est encore large de 91 mètres à une altitude de 244 mètres, avec un cours très-rapide. Comme l'hostilité des populations rendait le voyage très-dangereux et que, d'autre part, l'élévation des montagnes, qui déjà atteignaient 5 à 600 mètres, indiquait, et les déclarations des indigènes en ce point étaient également concluantes, que la Rowouma ne sortait pas du Nyassa, Livingstone renonça à tourner le lac par le nord et se décida à se diriger vers le sud-est, où déjà connu, il pouvait espérer un bon accueil. Il traversa près de leurs sources plusieurs affluents, sans doute, de la Rowouma, et, le 14 juillet, il arriva à Moemmbé, qui est à une altitude de 821 mètres et que dominent des montagnes élevées au moins de 1,100 mètres. Par ce qu'il voyait et ce qu'il savait de la région à l'ouest du Nyassa, il se confirmait dans la pensée que ce lac forme un bassin fermé. Le pays est splendide, sain et bien arrosé, fertile en toutes choses : le traverser est un plaisir que le docteur sent et exprime vivement. « Le plaisir purement physique du voyage en pays inexploré est, d'ailleurs, très grand par lui-même. Marcher vivement sur des terres de quelque 2,000 pieds d'altitude donne de l'élasticité aux muscles; un sang renouvelé circule dans les veines ; l'esprit est lucide, l'intelligence active, la vue nette, le pas ferme, et la fatigue du jour rend très doux le repos du soir. On a le *stimulus* des chances lointaines du danger, soit de la part des hommes, soit de la part des animaux... Le voyage a pour effet chez un homme de cœur de faire plus compter sur soi-même : on devient plus confiant dans ses propres ressources; la présence d'esprit se développe. Tout est fortifié... L'Afrique est un pays merveilleux... Il y a certainement des obstacles et des fatigues dont ceux qui voyagent sous des climats tempérés ne peuvent se faire qu'une idée affaiblie; mais *quand on travaille pour Dieu*, la sueur qui coule du front n'est plus un châtiment; elle est vivifiante et se change en bienfait. Pour apprécier réellement le charme du repos, il faut s'être lassé par de rudes efforts. »

Mais la beauté du pays est gâtée par les affreux stigmates de l'esclavage. Livingstone avait vu à Zanzibar le marché aux esclaves; et dans le bassin de la Rowouma combien ne rencontra-t-il pas, sous la conduite de marchands arabes, de tristes convois d'esclaves réunis l'un à l'autre par une lourde fourche de bois qui leur serre le cou? Combien ne vit-il pas de cadavres d'esclaves qu'on avait égorgés parce qu'ils ne pouvaient plus marcher? Ne trouva-t-il pas tout un convoi abandonné? Pourquoi? Il ne le sut pas; mais les noirs mouraient de faim la fourche au cou, et ils étaient si faibles qu'ils ne pouvaient parler. « O hommes, s'écrie le missionnaire, est-ce pour un tel sort que Dieu a fait ses créatures! »

Le faîte des montagnes passé, il commença de descendre, et, le
8 août, il atteignit le lac à l'embouchure du Misinndjé et le revit avec
joie. Il en suivit pour la première fois, vers le sud, les bords orien-
taux, en vit sortir le Chiré, et, traversant le petit lac Pamalommbé,
il se retrouva sur cette rive occidentale qu'il avait déjà pratiquée,
remonta au nord vers Marenga, Katosa, et, se jetant à l'ouest dans
les monts de Kirk, traversa vers leurs sources les rivières qui forment le Linetipé, gros affluent du lac, puis celles qui forment le
Boua, autre affluent du lac. Les montagnes s'élevaient rapidement;
les cols eux-mêmes n'étaient pas à moins de neuf cents mètres d'altitude, et enfin, au mont Tchisia, une double vue se découvrit : à l'est
le grand bassin fermé du Nyassa, et à l'ouest la grande vallée ouverte
du Zambèze, vers lequel se dirigeaient de nombreux cours d'eau.

Depuis la mer jusqu'au Nyassa, le docteur avait passé au milieu
des Makonndas, des Mabihas, des Makoas, des Aiahous ; il retrouva
à l'ouest les Maravis ; ces peuples se montraient bienveillants, quoique défiants, car tout homme blanc éveillait en eux la crainte de l'esclavage. Il n'eut qu'à exercer sa bonté : il fut rarement en danger;
mais, le danger venu, il sut toujours se mettre en défense; il se sauva
par sa ferme attitude.

Il marcha au nord, franchit plusieurs tributaires du Loanngoua,
affluent du Zambèze, et le 16 décembre toucha le Loanngoua lui-
même à Marannda, 12° 45' de latitude. D'après ce qui lui fut rapporté, il estima que les sources de cette grande rivière étaient à plus
de deux cents kilomètres au nord. Il la traversa, ainsi que deux de
ses affluents de gauche, le Pamazi et le Nyamazi, et gagna le faîte
des monts du Lokinnga ou Lobisa ; il remarqua qu'à l'ouest ils s'étendaient comme en droite ligne sur le 12° de latitude et qu'à l'est
ils s'étendaient au nord; il conjectura qu'ils formaient une ligne de
partage entre les eaux du Zambèze et celles d'une autre grande rivière
au nord; cette rivière, quelle était-elle? Son esprit s'exaltait, et,
reprenant toutes les idées qui déjà l'avaient tant agité, il se demandait s'il n'allait pas trouver le Nil. L'année 1867 s'annonçait bien ; il
dépassa le mont Lobisa, traversa une grande rivière, le Chambèse,
qu'il distingua facilement du Zambèze. Il apprit qu'elle se jetait, à
cent kilomètres plus bas, dans un grand lac; il reconnut plusieurs
de ses affluents, et, toujours dans les montagnes, il rencontra, aux
monts Losannsoué, une autre ligne de partage qui lui parut secon-

daire, signala sur le revers septentrional le Lofou, tributaire du Tanganyika, ou plutôt du Liemba, nom donné à la partie méridionale du
Tanganyika ; il se convainquit que ce grand lac était fermé au sud,
et il suivit la rive occidentale jusqu'à l'embouchure du Lofou, qu'il
releva le 14 mai.

Depuis qu'il avait dépassé les monts Losannsoué, le docteur était
descendu comme sur un plan incliné, coupé de ravins arrosés par des
ruisseaux coulant à l'ouest vers le Lofou, qui décrit une courbe autour
de la pointe méridionale du lac. Il avait rencontré plusieurs tribus
d'indigènes qui, ayant eu beaucoup à souffrir des Arabes, s'étaient
défiés de lui parce qu'il était blanc. Les hommes et le pays étaient
difficiles à pratiquer ; il avait suivi une ligne de rochers ; mais à l'est
les bords du lac étaient vaseux, et la vallée à l'ouest, basse, très
humide, prenait en bien des points l'aspect de marais, et des deux
côtés tout était favorable aux embuscades. Une tâche nouvelle s'annonce pour Livingstone, et plus pénible au milieu d'indigènes qui,
toujours menacés de l'esclavage, sont affolés de terreur ou de cruauté,
au milieu de terres que l'eau délaie et couvre, qui sont l'empire de
la fièvre et de la dysenterie. Quel spectacle ! Quelques collines qui
courent à l'occident, et entre elles des bas-fonds couverts d'une végétation puissante que produit, sous une chaleur brûlante, un sol de
marécage : excessive fertilité et insalubrité excessive ! Le lac Liemba,
mesuré avec le baromètre et l'eau bouillante, donnait cependant 790
mètres d'altitude ; il attestait le fond d'un plateau très élevé ; et à
l'ouest s'étendait un autre plateau dont le fond devait être occupé
par un ou plusieurs lacs. Le missionnaire-voyageur résolut de l'explorer ; il était sorti de la vallée du Zambèze. Quelles étaient ces eaux
qu'il apercevait ou devinait ? où allaient-elles ? au Nil, au Congo, au
lac Tchad ? Il était décidé à le savoir. Arrivé le 14 mai au Liemba, il
était déjà en route le 20, et il écrit de Tchiliméda, par des marchands
qui retournent à Zanzibar : « Je vais à travers l'eau et la boue chez
des anthropophages ; qu'importe ? je verrai ; ou bien la fièvre me
tuera, ou bien encore je serai mangé. »

VI

Depuis le 20 mai 1867 jusqu'en juin 1869, on perd de vue le docteur ; on n'a de lui aucune nouvelle. Enfin, l'évêque Tozer, de Zanzibar, apprend qu'il est à Udjiji et que trente-quatre lettres écrites en vingt-cinq mois se sont égarées. Une année se passe encore ; en juin 1870, il est dans l'ouest, dit le cheïk Saïd d'Udjiji ; en octobre et en novembre de la même année, il est toujours à l'ouest dans le Manyema. C'est le docteur Kirk, de Zanzibar, l'ami et le compagnon des bords du Chiré, qui, le 10 mars 1871, l'apprend de marchands arabes et l'annonce à Londres. Mais les marchands ont ajouté : « Le voyageur est là sans secours, sans ressources, accompagné d'un petit nombre de serviteurs. » Quelles nouvelles ! bien faites pour inspirer de vives inquiétudes ! Et rien ne les suivit, si ce n'est des bruits de lutte, de maladie et même de mort. Le monde entier s'intéressa au grand Livingstone, comme déjà on l'appelait. Des expéditions partirent à sa recherche, mais toutes sans résultat, sauf une qui fut conduite par l'Américain Stanley.

M. Henry Stanley était un des correspondants du journal de New-York, le *New-York Herald*. On sait quelle est la réputation de cette grande feuille américaine. Elle a été fondée en 1835, par M. J. Gordon Bennett, qui l'a possédée et gérée jusqu'en 1866 et qui, après l'avoir fondée avec un capital de 2,500 francs, s'est retiré avec une fortune liquide de 25 millions, sans compter la valeur du journal qu'il laissait à son fils et qu'il estimait 20 millions. M. Bennett a dû son grand succès à une recherche impartiale de la vérité et au courage avec lequel, après l'avoir trouvée, il la disait. Il ne publiait aucun article politique, mais des documents officiels, des résultats d'élection, tous certains, sans appréciation, sans commentaire ; il éclairait sur la valeur des entreprises commerciales, industrielles, financières, à ses risques et périls ; sa vie fut plus d'une fois en danger à la Bourse ; peu lui importait, pourvu qu'il fût vrai et qu'on crût en lui. Il avait des correspondants dans tous les Etats-Unis, dans le monde entier, partout où il y avait quelque chose à connaître. Pendant la guerre de sécession, il était mieux renseigné que le gouvernement; il devançait les nouvelles officielles; il annonça le désastre de Bull'Run avant que la *Maison Blanche* le connût. Son fils continua son œuvre. En 1869, il avait envoyé Stanley à Madrid, et de Paris, où il résidait momentanément, il le rappela le 16 octobre. Dès le lendemain dans la nuit, l'actif correspondant rejoignait au Grand-Hôtel M. Bennett, qui lui dit soudain : « Où pensez-vous que soit Livingstone? — Je n'en sais vraiment rien, monsieur.— Croyez-vous qu'il soit mort? — Possible que oui, possible que non. — Moi, je pense qu'il est vivant, qu'on peut le trouver, et je vous envoie à sa recherche. — Au centre de l'Afrique? est-ce là ce que vous entendez? — J'entends que vous partiez, que vous le retrouviez... et qui sait? le vieux voyageur est peut-être dans le besoin. — Avez-vous réfléchi, monsieur, à la dépense? — Vous prendrez d'abord mille livres, et ensuite tout ce dont vous aurez besoin... — Dois-je aller directement à sa recherche? — Non, vous assisterez à l'inauguration du canal de Suez: puis vous chercherez Baker dans le haut Nil; vous irez de là à Jérusalem, à Constantinople, en Crimée, où vous visiterez les champs de bataille; dans le Caucase, où se prépare une expédition russe contre Khiva; en Perse, dans l'Inde, et à Bombay vous vous embarquerez pour rejoindre Livingstone. Maintenant, bonsoir, et que Dieu soit avec vous ! »

Quel chemin ! quelle entreprise ! et que dire du directeur d'un journal qui conçoit un tel dessein et du correspondant qui, simplement, se met en devoir de l'accomplir !

Stanley n'arriva à Zanzibar que le 6 janvier 1871 ; il prépara son voyage dans cette île et sur le continent à Bagamoyo qu'il quitta le 21 mars. Nous ne le suivrons pas sur la route du Tanganyika qu'ont fait connaître Burton et Speke en 1857-1858; il y rencontra bien des dangers; il y lutta contre les montagnes et les eaux, contre la chaleur et la maladie, contre les animaux et contre les hommes; par sa présence d'esprit, son courage et sa ténacité, et aussi grâce à sa bonne constitution, il triompha, et, le 10 novembre, sur un rocher, en vue du Tanganyika et du village d'Udjiji, où il espérait avoir des nouvelles de Livingstone, il déploya le drapeau américain et fit décharger les armes. Une foule vint à lui; au milieu des *Yambo bona*, il fut surpris par un : *Good morning, sir :* c'était Souzi, un domestique du docteur; puis par un autre; c'était Chouma, le serviteur, ou mieux, l'ami du docteur. Stanley se fit annoncer, et bientôt il aperçut le docteur lui-même : « il est très vieux. »

« Que n'aurais-je pas donné, écrit Stanley, pour avoir un petit coin de désert, où sans être vu, j'aurais pu me livrer à quelque folie : me mordre les mains, faire une culbute, déchiqueter un arbre, enfin donner cours à la joie qui m'étouffait. Mon cœur battait à se rompre ; mais je ne laissais pas mon visage trahir mon émotion, de peur de nuire à la dignité de ma race. Me tenant donc le plus dignement possible, j'écartais la foule et me dirigeais entre deux haies de curieux vers le docteur. Je remarquais sa pâleur et son air de fatigue ; il avait un pantalon gris, un petit paletot rouge, une casquette bleue à galon d'or fané. J'aurais voulu courir à lui ; mais j'étais lâche en présence de cette foule. J'aurais voulu l'embrasser, mais il était Anglais ; je ne savais comment je serais accueilli. Je fis donc ce que m'inspiraient la couardise et le faux orgueil ; j'approchai d'un air délibéré et dis en ôtant mon chapeau : « Le docteur Livingstone, je présume ? — Oui, répondit-il, en soulevant sa casquette avec un bienveillant sourire, et nos mains se serrèrent. — Je remercie Dieu, repris-je, de vous rencontrer. — Je suis heureux, dit-il, de vous recevoir. » C'est simple et grand.

Livingstone interrogea le premier, et Stanley, faisant son métier de *reporter*, donna la revue du globe. Il interrogea à son tour et apprit ce qu'avait fait le docteur depuis qu'on l'avait perdu de vue. On se souvient que, le 20 mai 1867, il était à Tchitimeda et que de ce village, il s'était porté à l'ouest. Il traversa des montagnes, de nombreux et gros cours d'eau, et arriva enfin, après six mois de marche, sur le lac dont ils sont tributaires, le Moéro que coupent, à une altitude de 912 mètres le 9° de latitude sud et le 26° de longitude est ; puis il gagna au sud Cazembé dont le chef l'appelait et où il resta du 21 novembre 1867 au 5 mai 1868, rayonnant tout autour, explorant le lac, y signalant l'entrée au sud du Louapoula et la sortie au nord du Loualaba, cours d'eau dont la puissance l'étonna. Il entendait parler d'un lac au sud, plus grand que le Moéro ; c'était le lac Banngouéolo ou Bamba, qu'on lui avait annoncé dans le bassin du Nyassa. Il le trouva en remontant le Louapoula qui en sort au 11°. Ce lac immense a cent kilomètres de large sur deux cent quarante de long ; il est à 1,123 mètres d'altitude. Livingstone navigua au milieu d'un groupe d'îles, toutes très fertiles et très habitées

comme le pays tout entier ; la dernière qu'il visita, le 25 juillet, est
M'pabala. Il s'éleva ensuite au nord, et il célébra le 1er janvier 1869
sur une crête de montagne par 27° de longitude et 7° 45′ de latitude,
entre le versant du Tanganyika et le versant inconnu de l'ouest :
« Le Lofoukou, qui a déjà trente mètres de large, va rejoindre au
levant le Tanganyika ; la scène est charmante. » Mouillé bien des
fois par les pluies fréquentes, le docteur fut atteint d'une pneumo-
nie et crut mourir ; il fut porté à travers le Maroungou jusqu'à
M'parra, à l'embouchure du Lofoukou dans le Tanganyika ; il y
arriva le 14 février, et le 15 il allait mieux. Il se mit en barque et
remonta au nord en suivant la rive occidentale jusqu'à l'île Kibizé,
d'où il se porta sur la rive orientale aux bouches du Kabogo. Il traversa le lac en dix heures, du sud-ouest au nord-est, du 5° 45′ au
5° 35′ de latitude, et le 14 mars, toujours par eau, il atteignit Udjiji.
Il importait qu'il y rétablît sa santé, et le mois d'août seulement le
revit sur la rive occidentale. Il franchit le revers montagneux et,
descendant une grande rivière, le Lobammba, ou Louassi, ou
Louamo, il s'engagea dans le Manyema, passa à Bambarré où
résidait le grand chef du pays, Moinekous, et le 20 novembre, il
retrouva le Loualaba par 4° 40′ de latitude et 24° 30′ de longitude.
Ce fleuve avait accompli une longue course depuis le Moéro ; il avait,
disait-on, recueilli les eaux d'un grand lac, du Kamolonndo ; il était
large, profond. Livingstone savait d'où il venait, mais où allait-il ?

Le pays arrosé par ce Loualaba est magnifique, d'une fertilité
exubérante ; la terre, chaude et humide, ne se refuse à aucun produit ; les animaux les plus utiles y abondent, et aussi les éléphants,
et aussi les animaux nuisibles ; le lion la parcourt en maître. Les
hommes sont vigoureux et braves ; s'ils cèdent devant les Arabes,
s'ils se laissent mettre la fourche au cou et trainer en esclavage,
c'est qu'ils ont peur de la poudre et des balles. « Ah ! disait l'un
d'eux, si vous n'aviez pas vos fusils, pas un de vous ne reverrait la
mer. » Les Arabes, plus méchants qu'eux, ne se contentent pas de
les acheter à leurs chefs, ils les poursuivent dans les bois ; malheur
à ceux qui ne sont pas assez forts pour résister. Souvent, ils feignent
de contracter avec eux des alliances ; ils viennent dans leurs mar-
chés, et soudain ouvrent un feu nourri sur les groupes, n'épargnant
ni les femmes, ni les enfants. L'esclavage saisit ceux que le fusil
n'a pas tués ou que la fuite n'a pas protégés. Livingstone a assisté

avec horreur à un de ces massacres. Au milieu de ces hommes irrités qu'il plaint, qu'il reconnaît meilleurs que les marchands qui les déciment et que la faim seule pousse parfois au cannibalisme, « l'homme blanc et bon du sud » se fit respecter et aimer. Il fut même soigné quand il tomba malade. Sa santé ne résista pas en effet aux chaleurs malsaines et aux pluies abondantes du pays, qui présente souvent l'aspect d'un lac de boue liquide et fumante, qui reçoit par an du ciel 3 mètres 50 centimètres d'eau. Livingstone a fait le calcul, et pour offrir des termes de comparaison, il ajoute : « Dans l'ouest de la France, il tombe dans une année 0,68 centimètres d'eau, et en Angleterre 0.95 centimètres. » Après de longues marches dans la boue, ses jambes enflèrent, se couvrirent d'ulcères. Revenu à Bambarré, il se coucha, presque découragé ; ses compagnons l'avaient presque tous abandonné, sauf Souzi, Chouma et Wainwrigth. Il souffrit pendant six mois, mais enfin il triompha de son corps et de son âme et se releva prêt à continuer sa tâche.

De Bambarré il se rendit à Mamohéla, sur le Louha, d'où il rayonna au nord, à l'est, à l'ouest ; il le quitta le 2 mars 1871 pour la dernière fois, pensait-il, car il espérait marcher, comme en 1854, jusqu'à l'Atlantique. Il descendit le Louha jusqu'au Loualaba et ce dernier jusqu'à Nyangoué, à 4°10' de latitude sud. Il apprit là qu'à une distance au nord qu'il évalue à 150 kilomètres, le Loualaba arrive dans un grand lac marécageux, qu'à moitié route il reçoit une forte rivière, le Kassabi, qui vient du sud et qui, à la hauteur du lac Kamolonndo, à 200 kilomètres peut-être à l'ouest, alimente un grand lac et en est alimenté à son tour : c'est le Tjébujo, et il le nomme Lincoln. Grossi du Kassabi, que devient donc le Loualaba ? où va-t-il ? Question que le docteur s'est posée déjà et se pose encore. Ce fleuve a devant Nyangoué, et un peu au-dessous de Nyangoué, de 1,600 à 5,000 mètres de largeur, et son débit est de 2,400 à 3,200 mètres cubes par heure. *Est-ce le Nil ? Est-ce le Congo ?* On a contesté, on conteste encore que Livingstone ait désigné le Congo ; et cependant voici ses propres paroles : « *J'ai à me préparer à cette découverte qu'après tout c'est peut-être le Congo.* » En effet, ce n'est pas le Nil assurément qui à Gondokoro, à 9° plus au nord que Nyangoué, ne donne que 1,986 mètres cubes par heure et qui ne reçoit de l'ouest que le maigre fossé du Bahr-el-Ghazal, versant par heure 516 mètres cubes ? Non certes. Serait-ce l'Ouellé de Schweinfurth qui roule à l'heure 864 mètres cubes? Encore moins. Ce n'est pas davantage le Chari ou le Binoué, qu'on sait très inférieurs au Loualaba, bien que manquent les données précises ; ce n'est pas l'Ogooué, qui a sans doute à son embouchure 2,500 mètres de large, mais qui est peu profond ; reste le Zaïre ou Congo, qui jette à la mer par heure 3,060,000 mètres cubes d'eau ; *et c'est lui assurément qui dans son cours supérieur* s'appelle le Loualaba.

Il a manqué à la gloire de Livingstone d'exécuter une seconde fois la traversée de l'Afrique en suivant le fleuve dont il devinait l'importance et le nom. Une seconde fois ses jambes se refusèrent à le porter, et quand le mieux se produisit, il était si affaibli qu'il reprit le chemin de l'est, repassa à Mamohéla à Bambarré, et, coupant de nouveau les affluents du Louamo, il rejoignit le Tanganyika, et en barque se rendit à Udjiji, 23 octobre 1871. « Je n'étais plus qu'un squelette, dit-il, et je me trouvais ruiné ; en mon absence, on m'avait pris 1,000 mètres de calicot et 7,000 livres de verroteries, toute ma fortune. » Mais dix-huit jours après arrivait Stanley : quel accord vraiment extraordinaire entre le retour du docteur et la venue du reporter! Ce n'était pas à espérer et c'était à ne pas le croire ; aussi quand le jeune Américain, à son retour, raconta son voyage, on cria au mensonge et au charlatanisme : heureusement, justice a été rendue.

Quelle joie chez Livingstone! « Toutes mes fibres ont tressailli... écrit-il. Je ne suis pas démonstratif, je suis même aussi froid que, nous autres insulaires, nous avons la réputation de l'être ; mais la pensée de M. James Gordon Bennet junior, cet ordre généreux si noblement exécuté, c'était bouleversant. Je me sens d'une extrême gratitude et en même temps un peu honteux de n'être plus digne de cette générosité... On me refait ma fortune ; je refais ma santé, je renais [1]. »

C'était le temps d'agir. Livingstone pensait que le Tanganyika était un bassin fermé, qu'il recevait des rivières et qu'il n'en formai pas ; il avait déjà exploré le sud de la côte occidentale ; il partit pour le nord avec Stanley, et le 3 décembre il était à l'embouchure du Lousizé. Le terrain s'élevait partout sur les bords ; Stanley partagea

[1] Livingstone, quand on lui avait annoncé un blanc, avait cru à l'arrivée du Français Le Saint, qu'il savait parti pour le centre de l'Afrique; hélas! Le Saint était mort.

sur ce bassin fermé la conviction de Livingstone ; tous deux se por-
tèrent, au retour, au sud d'Udjiji, à Ouriméba, 1er janvier 1872. De
là, Stanley prit vers l'Ounyamési la voie du retour ; Livingstone l'accompagna jusqu'à Kaseh. Stanley voulait ramener le docteur en
Angleterre, afin qu'il y rétablît sa santé ; le docteur résista ; sa fille
Agnès ne lui avait-elle pas écrit : « Quel que soit mon désir de vous
revoir, j'aime mieux que vous réalisiez vos plans de manière à vous
satisfaire que de revenir pour m'être agréable. » Livingstone accepte
des grains de verre, du calicot, une tente, des médicaments, etc., etc.;
il est remis à flot, et, le 14 mars, laissant partir son bienfaiteur
auquel, par prudence, il confie toutes ses notes, il reprend son
œuvre.

VII

Toutefois Livingstone se repose encore jusqu'en octobre, puis,
suivant au sud la rive orientale du lac, il le tourne, plus que jamais
convaincu qu'il forme un bassin fermé et qu'il n'entre ni dans le
régime du Nil ni dans celui du Congo. Dès lors sa pensée se tourne
vers le Loualaba, et, voulant s'assurer que le lac Banngoueolo, d'où
sort ce grand fleuve, est au sud séparé du Zambèze par une ligne de
montagnes, il entreprend de le tourner. Sa marche est bien entendue ;
il reprend au sud les monts Losammsoué, et, craignant l'eau et la
fièvre, il suit à l'ouest une crête qui passe entre le Lofou et le
Kannlogosi. Mais au 27° de longitude il faut bien tourner au sud, et
le 23 décembre 1872 il quitte les hauteurs et marche dans les terres
basses. A mesure qu'il avance, les marais se montrent avec leurs
boues et leurs roseaux ; il côtoie cependant le lac à l'est et arrive
au sud le 14 mars 1873. La fièvre est venue, les jambes enflent, les
forces déclinent. Livingstone ne s'arrête pas, il avance sur la rive
méridionale. Souzi et Chouma veillent sur lui ; ils le portent, ayant
quelquefois de l'eau jusqu'au cou. Il cesse d'être attentif ; sa fin
s'annonce ; il parle peu, il n'écrit plus, et c'est à peine s'il note la
ligne de partage entre le Zambèze et le Loualaba. A Tchitambo, dans
l'Ilala, le 1er mai 1873, il expire.

Ses serviteurs sont consternés ; l'un d'eux toutefois se remet vite,
et n'ayant pu sauver la vie de son maître, il entreprend de sauver

son corps; c'est Chouma, un Aïabou des bords du Nyassa, qui tout jeune avait subi l'esclavage, et qui, acheté par Livingstone et rendu à la liberté, s'était voué au service de « l'homme bon » ami des noirs. Il redoutait Tchitambo, qui s'était montré avide et exigeant, et bien à tort. Ce chef fit payer ses secours, mais il les donna largement. « Il avait été à la côte, disait-il, et il distinguait un Anglais d'un Arabe. » Le corps, après qu'on eut retiré et enterré avec honneur le cœur et les entrailles, fut embaumé et desséché au soleil. Un inventaire fut fait par Chouma et Souzi et écrit par Jacob Wainwrigth, Africain comme eux; puis la caravane se mit en route, portant Livingstone mort avec autant de dévouement qu'elle l'avait porté vivant pendant ses derniers jours. Quand partit-elle? on ne le sait; quelles furent ses étapes? on ne le sait pas davantage. Ces noirs n'étaient pas de grands clercs, et leurs notes sont plus qu'obscures; obéissant encore au maître qui n'est plus, ils achèvent le tour du Banngouéolo, dans la boue, dans l'eau; car ce lac, soumis, du reste, comme tous les lacs de l'Afrique centrale, à des hausses et à des baisses considérables, couvre et découvre les terres qui l'avoisinent au moins deux fois par an. Ils tombent malades, ils perdent plusieurs des leurs ; il restent fermes dans leur projet, soutenus par l'espoir de l'accomplir. Ils retrouvent dans la vallée de Lipochosi, tributaire du Banngouéolo, le chemin que le maître avait descendu en décembre 1872. Ils le remontent et ne le quittent plus jusqu'au Tanganyika, jusqu'à Ouriméba, d'où, relevant, pour ainsi dire, les pas de Stanley, ils atteignent Kaseh où ils rencontrent l'Anglais Cameron qui commençait son expédition, et enfin ils revoient la mer.

Jacob Wainwrigth était le savant de la caravane : c'est lui qui avait fait l'inventaire des pauvres richesses et des précieux papiers du docteur, et c'est lui qui en remit la dépouille mortelle au consul anglais; il l'accompagna même jusqu'en Angleterre, jusqu'à Londres. « Elle y fut examinée, dit M. Waller, par sir William Fergusson et par les amis de Livingstone. La fausse articulation du bras gauche, résultat de la morsure du lion qui, en 1842, avait broyé l'humérus près de l'épaule, ne laissa pas de doute sur l'identité. »

L'Angleterre sait honorer ses enfants, et dans l'abbaye de Westminster, où tous les grands Anglais, généraux, ministres, écrivains, ont leur tombeau, le grand missionnaire explorateur fut inhumé le

18 avril 1874. Autour du cercueil se tenaient ses amis : sir Thomas Steele, MM. Webb et Oswell, le docteur Kirk, l'Américain Henry Stanley, qui préparait son second voyage, l'Africain Jacob Wainwright, qui représentait la caravane et qui était bien digne de cette distinction ; et derrière le cercueil marchaient ses quatre enfants, ses deux sœurs, la femme de son frère, son beau-père le révérend M. Moffat ; venaient ensuite le duc de Sutherland, les lords Shaftesbury et Houghton, sir Bartle Frère, tout un long cortège d'illustrations, la Société de géographie et son président, « tout le monde savant de la Grande-Bretagne. »

Sur la plaque d'airain du cercueil était gravée cette simple inscription : David Livingstone, né à Blantyre, Lanarkshire, Écosse, le 19 mars 1813, mort dans l'Ilala, le 1er mai 1873.

Mais sur la pierre du tombeau l'inscription est plus longue et plus touchante. La voici telle que l'a traduite Me Loreau : « Rapporté par des mains fidèles sur terre et sur mer, ici repose David Livingstone, missionnaire, voyageur, philanthrope, né le 19 mars 1813 à Blantyre, comté de Lanark, mort le 1er mai 1873 au village de Tchitambo, dans l'Ilala. Pendant trente ans, sa vie fut dépensée en infatigables efforts pour évangéliser les naturels, explorer les contrées inconnues, abolir le commerce d'esclaves qui désole l'Afrique centrale, où parmi ses dernières paroles il écrivit : Puissent les bienfaits célestes descendre sur quiconque, Américain, Anglais ou Turc, aidera à guérir cette plaie saignante du monde ! »

Sur le côté gauche du tombeau, on lit un verset de la Bible : J'ai d'autres brebis qui ne sont pas de ce bercail ; elles aussi, je dois les ramener, et elles entendront ma voix.

Sur le côté droit, deux vers latins : Il n'est rien que je n'aime mieux connaître, tant est grand mon amour du vrai, que les sources de ce fleuve cachées pendant tant de siècles [1].

---

1.   Tantus amor veri, nihil est quod noscere malim,
       Quam fluvii causas per sæcula tanta latentes.

CAMERON

VIII

La caravane qui pieusement rapportait des bords du lac Banngoueolo la dépouille mortelle de l'illustre Livingstone avait rencontré,
à Kazeh, un Anglais qui recommençant l'entreprise heureusement
accomplie par l'Américain Stanley, s'avançait au secours du missionnaire voyageur ; c'était le lieutenant de vaisseau Verney-Hovett
Cameron. L'Angleterre s'était émue, tout en l'admirant, du succès
d'un correspondant de journal, et après bien des efforts inutiles, elle
avait voulu tenter un effort efficace. Entre elle et les États-Unis, qui
ont été longtemps ses colonies et qui se sont séparés dans une lutte
violente, existe et dure une rivalité qui ne s'est pas seulement mani-
festée dans la guerre, mais dans de pacifiques travaux et dans de
nobles et glorieuses découvertes. Ne sait-on pas que les deux pays
se succèdent et se relayent, pour ainsi dire, dans les voyages vers le
pôle, et que si jamais ce point extrême du nord de la terre est
atteint, la gloire assurément leur en reviendra par parties égales ?
Dès lors, il n'est que naturel de voir sur le chemin du Tanganyika
un Américain marcher au secours d'un Anglais, et un autre Anglais
reprendre l'œuvre de l'Américain.

Cameron, lieutenant à bord du *Star*, avait croisé sur la côte orientale de l'Afrique, et, témoin des atrocités de la traite des noirs, il
avait résolu d'attaquer « l'horrible mal dans sa source », aux lieux
que visitait Livingstone qu'il voulait retrouver et aider ; il s'associait
à l'œuvre évangélique du missionnaire, également emporté par la
passion des voyages et des découvertes. Il s'offrit à la Société de
géographie de Londres, qui attendait le retour de Stanley, et qui
refusa. Il attendit lui-même le moment de s'offrir encore, et se pré-

parant à la mission qu'il ne désespérait pas d'obtenir un jour, il
apprit le *kisahouahili*, langue parlée sur la côte orientale et dans l'intérieur des terres et il se familiarisa avec la fièvre. Quand il se crut
maître de son intelligence et de sa santé, il proposa à la Société un
grand dessein qu'un autre exécutera plus tard ; il demanda à se
rendre au «Victoria-Nyanza par le Kilimandjaro, à explorer ce lac, à
gagner l'Albert, puis le Loualaba, pour descendre ensuite le Congo
jusqu'à son embouchure. » Il éprouva un nouveau refus ; toutefois,
comme l'argent qui avait été souscrit pour la recherche de Livingstone n'était pas épuisé, on lui remit ce qui restait et on lui ordonna
de chercher le grand explorateur, de se mettre sous ses ordres et de
compléter avec lui les découvertes poursuivies depuis sept ans.

Cameron quitta l'Angleterre le 30 novembre 1872 ; il était accompagné d'un de ses amis, le chirurgien de marine Dillon. Il passa
par Suez et Aden ; à Zanzibar, il engagea à son service l'ancien chef
de la caravane de Speke, Bombay, qui, malheureusement n'était
plus digne de sa réputation ; à Bagamoyo, il organisa son escorte ; il
y fut rejoint par M. Murphy, qui apportait de nouvelles provisions,
deux tentes, un bateau en caoutchouc, et par un neveu de Livingstone, M. Robert Moffat. Il partit enfin le 28 mars 1873. La route
est longue de la mer au Tanganyika : il faut franchir 9 degrés de
longitude. Nous ne suivrons pas plus Cameron que nous n'avons suivi
Stanley ; il n'y a pas à revenir sur l'œuvre de Burton et de Speke,
ces grands précurseurs qui ont si sûrement marqué les étapes.
Cameron sut toutefois les abréger ; malgré la pluie, le débordement
des rivières, il avançait ; mais la fièvre atteignait ses compagnons, et
avant d'avoir franchi les premières montagnes, le *Coast Range*, le 26
mai, il avait déjà perdu M. Moffat. « Son nom, dit Cameron, s'ajoute
à la liste glorieuse des hommes qui ont sacrifié leur vie à l'exploration de l'Afrique ; j'ignorais que son oncle avait déjà pris place sur
cette liste funèbre. »

Les populations qui commençaient à se familiariser avec ces caravanes de blancs, qui n'étaient pas des Arabes, se montraient de plus
en plus exigeantes. Pour avancer, il fallait négocier, payer le passage avec du calicot, des verroteries ; il fallait aussi payer les vivres.
Enfin les montagnes furent franchies, le plateau qui leur succède fut
traversé, et, au commencement d'août, Cameron atteignit Kazeh,
dans l'Ounyamési. Bien qu'à plus de 1,200 mètres au-dessus du

niveau de la mer, la ville est malsaine; il y fut malade en même temps que ses compagnons, et dans la maison qui avait reçu Livingstone et Stanley et entendu leurs adieux. Il eut le délire; « il se croyait, raconte Dillon dans une lettre du 23 août, bloqué et réduit à l'immobilité : il disait qu'il avait sur sa tête le pied d'un piano, et qu'il souffrait d'un horrible charivari... » Le 20 octobre, il était encore bien faible quand arriva le nègre Chouma, qui précédait la caravane qui ramenait la dépouille de celui qu'il cherchait. Il y avait déjà plus de six mois que l'illustre voyageur n'était plus. Le convoi funèbre fut reçu avec les plus grands honneurs. Les fidèles serviteurs de Livingstone, Souzi, Chouma et Jacob Wainwright se reposèrent jusqu'au 9 novembre : et à leur départ, dit Cameron, « je leur confiai Murphy, que le découragement avait saisi, et Dillon, que la fièvre dévorait; j'appris, le 18, que dans une crise de délire ce dernier s'était brûlé la cervelle. Le coup fut si rude que pendant plusieurs jours, ma pensée fut suspendue; j'ai vécu comme dans un rêve, ne gardant nul souvenir de ma route et laissant mon journal en blanc. »

Cameron était décidé à continuer son entreprise, à gagner le Manyéma et à faire seul ce qu'on l'avait chargé de faire avec Livingstone; son esprit était ferme, mais triste, et le jour de Noël, il ne put que penser aux amis qu'il n'avait plus. Il eut toutefois l'appui des marchands arabes qui avaient des représentants dans tous les endroits importants. Ils l'avaient soigné à Kazeh; ils le protégèrent jusqu'au Tanganyika; et le 18 février 1874, il arriva à Kahouelé, chef-lieu de l'Oudjiji : il y avait seize ans et cinq jours que Burton avait découvert ce grand et beau lac. Cameron put se procurer un bateau qu'on lui amena d'Oudjiji, et se portant au sud, il dépassa Ouriméba, doubla, le 23 février, le cap Koungoué qui marque le plus étroit passage du lac, et « entra dans la partie méridionale, qui, dit-il, n'avait pas été réellement explorée .» Et il ajoute : « Pour croire à toutes les beautés des rives du lac Tanganyika, il faut les avoir vues. Le vert éclatant et varié du feuillage, le rouge vif du grès des falaises, le bleu des eaux, forment un ensemble de couleurs qui, à la description, paraît criard, mais qui dans la réalité est d'une harmonie suprême. Des oiseaux d'espèces diverses rasent la surface du lac : mouettes blanches et grises à bec rouge, anhinngas au long cou, au plumage noir, alcyons gris et blancs... : et de temps en temps une tête d'hippopotame, un dos de crocodile, le saut d'un poisson annonçaient la vie intérieure du lac. Les eaux, comme toutes celles de l'Equateur, sont douces... »

Cameron se trompait en affirmant que le sud du Tanganyika n'avait pas encore été exploré ; en 1872, Livingstone en avait suivi la rive orientale, par terre, il est vrai, depuis Ouriméba ; en 1867, la seconde année de son expédition, il avait touché la rive occidentale ; en 1869, le 13 février, à son retour des lacs Banngoueolo et Moero, il l'avait atteinte de nouveau à l'embouchure du Lofoukou, et par eau, il l'avait remontée jusqu'aux îles Kibizé, d'où il avait gagné Oudjiji. Les explorations au sud, auxquelles s'étaient ajoutées les explorations qu'il avait accomplies au nord avec Stanley, avaient amené le docteur à cette opinion, répandue par Stanley en Europe, que le Tanganyika était un bassin fermé qui recevait des rivières et n'en formait pas.

Cette opinion, Cameron ne la partageait pas, ou tout au moins voulait-il la vérifier. Il navigua pendant deux mois et demi environ, explorant chaque baie, chaque golfe, à l'est, puis au sud, puis à l'ouest, trouvant beaucoup de rivières qui finissaient, n'en trouvant aucune qui commençât, signalant des estuaires et non des émissaires. Enfin sur la partie même de la côte que Livingstone avait suivie en canot en 1869, il entendit parler d'une décharge du lac, en un lieu que les Arabes ne fréquentaient pas, car il était entre les points de départ des caravanes du nord et des caravanes du sud, « en dehors par conséquent des lignes que suivent les traitants. » Dans les renseignements qu'il recueillit, il y eut bien quelques contradictions ; mais enfin sur les indications d'un chef nommé Loukili, le 3 mai 1874, il arriva au Loukouga ; c'est le nom que donnent les indigènes au fleuve formé par le grand lac. « Je vis, dit-il, une sortie de plus d'un mille (1609 mètres) de large, mais fermée aux trois quarts par un banc de sable herbu. Un seuil traverse même ce passage : parfois, la houle vient y briser violemment, bien que dans sa partie la plus haute, il soit couvert encore de plus de six pieds d'eau. » Le chef affirma que plusieurs de ses sujets, en s'abandonnant au cours du Loukouga, étaient arrivés au Loualaba. C'était un précieux renseignement. Cameron tenta lui-même de descendre la rivière, mais à peine fit-il cinq ou six milles ; il fut arrêté par des amas de végétations flottantes.

4

Le Tanganyika n'est donc pas un bassin fermé; par une brèche, la seule reconnue jusqu'ici, les eaux traversent l'épaisse ceinture de montagnes qui l'entoure, et sur le 6° degré de latitude sud. Mais comment Livingstone n'a-t-il pas remarqué ce Loukouga ? Il a passé devant ! Il l'a même traversé à son origine ! dans le mois de mars, il est vrai, et le lac n'étant pas dans son plein, il dut sans doute se tenir loin des rives marécageuses, et il ne distingua pas la rivière qui commençait des nombreux canaux sans courant qui se prolongent dans l'intérieur des terres et que Cameron constata lui-même.

C'est une grande découverte qui suffit pour illustrer un nom. Le Tanganyika s'écoule par le Loukouga dans le Loualaba. Mais alors s'imposait de nouveau le problème que Livingstone n'avait pas résolu ! où va le Loualaba? est-ce le Nil? est-ce le Congo? et l'on sait qu'entre ces deux fleuves il avait choisi le second. Cameron inclinait vers le même choix, et dès lors il résolut de chercher à son tour le Loualaba. Il se rendit auparavant à Oudjiji pour se reposer et pour consulter les Arabes. Il sut bien qu'ils étendaient leur commerce à l'ouest, que l'un d'eux, après cinquante-cinq marches, avait rencontré l'eau salée ; mais il ne put obtenir de renseignements assez précis pour construire une carte et arrêter un plan de voyage. Les Arabes assuraient que le Loualaba était le Congo, mais ils ne pouvaient dire d'où ils tiraient cette opinion. Cameron s'en irritait tout en refaisant ses provisions et en complétant sa caravane ; il repassa de nouveau le lac, débarqua à Kasengé, et, atteignant Bouannda le 4 juin 1874, il se mit en marche pour le Manyèma. Il reprenait le chemin de Livingstone, et comme il retrouvait ses étapes marquées et comme des traces de pas, il arriva promptement ; il était à Kitengé le 3 août et pour la première fois il voyait le Loualaba, « rivière puissante d'un mille de large, aux flots troubles et jaunes, courant avec une vitesse de trois à quatre milles à l'heure et contenant beaucoup d'îles qui ressemblaient aux îlots de la Tamise. » Il s'embarqua avec ses gens sur trois pirogues et, le 5, il abordait à Nyangoué, ce point extrême des explorations du grand missionnaire.

IX

« J'étais enfin à Nyanngoué, s'écrie Cameron : pourrai-je suivre le fleuve jusqu'à la mer ? telle est la question qui se posait alors devant moi; » question qu'il posa sans retard à Dagômmbé, chef arabe de Nyanngoué. Ce chef lui promit des barques, mais ne les lui donna pas. Un vieillard plus sincère lui déclara que jamais les habi_ tants n'avaient retiré du bien de la venue des étrangers, et qu'il ne conseillerait à personne de contribuer à ouvrir une nouvelle route aux marchands d'hommes. Pendant quinze jours tous les efforts furent inutiles; le malheureux Cameron se désespérait, car il était de plus en plus convaincu que le Loualaba était le Congo. Il calculait que l'altitude à Nyanngoué était inférieure au niveau du Nil à Gondokoro; il appréciait le débit d'eau qui, si loin de la mer, était assez considérable pour ne se rapporter à aucun fleuve, si ce n'est au Congo ; et comme à son embouchure « ce géant » a un niveau presque constant, il était à présumer qu'étendant son bassin des deux côtés de l'équateur, il subissait des saisons de pluies alternatives, et que tantôt du nord, tantôt du sud, l'eau venait toujours en égale abondance. Il n'y avait donc qu'à descendre le Loualaba pour accomplir l'œuvre de Livingstone, et les Arabes, même les indigènes s'y opposaient; ceux-ci cachaient avec soin des canots qu'ils craignaient qu'on ne leur prît à l'arrivée d'un chef qui habitait l'ouest, Tipo-Tipo, qui venait soutenir un de ses amis, Roussouna, contre les Arabes de Nyanngoué ; Cameron se crut sauvé. Tipo-Tipo lui proposait de venir chez lui, sur les bords du Lomani. Cet affluent du Loualaba le rejoint un peu en amont d'un grand lac, Sânnkorra, qui reçoit lui-même un grand fleuve du sud, le Cassaï ou Bouzimani, et du nord par lui-même et par le Loualaba, un autre grand fleuve, le Lohoua, qui n'est peut-être que l'Ouellé, signalé par l'Allemand Schweinfurth. Que de grandes choses à accomplir, et par suite que d'honneur à recueillir! Mais Tipo-Tipo n'était pas sincère. Il éloigna Cameron du nord-ouest où était le lac Sânnkorra et le conduisit au sud chez Roussouna et dans sa propre résidence. On remonta le Lomani, au lieu de le descendre, à travers l'Ouroua, où les populations hostiles attaquèrent audacieusement la caravane ; il fallut montrer la puissance des fusils pour obtenir la paix. Le 6 octobre on atteignit Fort-Dinah, ensuite Stanyika et Moukalammbo ; mais la route du nord-ouest était perdue. Nyanngoué avait été quitté le 26 août, et, en marchant un mois et demi, on était arrivé du 4°10′ de latitude au 7°10′ ; on avait parcouru trois degrés sur une route qui avec ses détours comptait au moins 400 kilomètres.

Le 21 octobre, Cameron était à Mounza, et de là il gagna Kilemmba, résidence du chef Kassonngo que lui avait trop vanté son guide Djoumah-Méricani. Il arrivait dans un monde nouveau ; jusqu'ici il avait traversé des populations qui, par terreur ou par intérêt, subissaient l'influence des traitants arabes ; à Kilemmba il rencontra pour la première fois un traitant portugais qui avait vu Livingstone et qui crut d'abord revoir ce missionnaire ; c'était comme un passage des régions orientales aux régions occidentales ; Cameron n'avait pas eu à se louer des Arabes, qui l'avaient toujours perfidement traité, qui l'avaient systématiquement détourné du plan de son voyage, éloigné du lac Sânnkorra et du Congo, ne voulant pas montrer aux indigènes un blanc ennemi de l'esclavage ; et ils avaient été aidés par les rois noirs qui tenaient à conserver leurs coutumes de trafic. Les Portugais ou leurs agents allaient-ils être plus sincères ? Evidemment non.

Le traitant portugais de Kilemmba, José-Antonio Alvez, était un horrible vieux nègre de Donndo, province d'Angola, qui répétait toujours : « Ma parole vaut un écrit, je suis le plus honnête homme du monde, » et qui mentait impudemment. Il résidait ordinairement à Cassangé et les affaires de son commerce l'avaient amené à Kilemmba. Cameron, qui regrettait amèrement d'avoir quitté la ligne que d'avance il s'était tracée, s'informa encore du Sânnkorra et de la route qui y menait ; mais Alvez lui répondit qu'elle passait dans le Loanda, pays de Mata-Yafa, dont les sujets étaient sauvages et dangereux ; qu'elle n'était praticable d'ailleurs que dans la saison sèche, et que, la saison pluvieuse arrivant, les plaines étaient transformées en marais pestilentiels. C'en était fait, il n'y avait plus qu'à souscrire à la proposition d'Alvez, qui s'engageait à conduire la caravane soit à Benguela, soit à Loanda. « Il fallait deux mois, disait-il, pour atteindre Cassangé, d'où en trente jours on arrive à Loanda. »

Mais le départ n'était pas prochain : arrivé à Kilemmba en octobre

1874, Cameron devait y rester jusqu'en février 1875. Il mit le temps
à profit, il alla un peu au nord vers le lac Mokrya, « qui occupe le
fond d'un petit bassin enveloppé de collines basses et boisées. La
partie découverte de sa nappe forme un ovale entouré de végétations
flottantes. » Il remarqua, traits vraiment curieux, trois villages
lacustres qu'il ne vit que de loin, car les habitants du rivage n'avaient
pas de barques et ceux du lac, qui en étaient bien pourvus, ne vou-
lurent pas en amener : ils craignaient les visites. Cameron se dirigea
ensuite vers le sud-est, et du haut d'une montagne, sur les bords
du Lovoï, il aperçut, à une distance de 32 kilomètres environ, un
grand lac dont le Lovoï est tributaire. C'est le Kassali, dont il ne put
approcher, le chef Kassonngo ayant défendu qu'il allât plus loin. Il
apprit toutefois que ce lac, très grand, recevait au sud une rivière
qui sortait elle-même d'un lac Lohemba qui avait beaucoup d'affluents. Cette rivière, le vrai Loualaba, au dire des indigènes, coule
vers le nord-est, rencontre plusieurs lacs : Kowamba, Kahando,
Ahimbe, Bembe, Siwambo, et joint le Loualaba de Livingstone en
amont du lac Kamolonndo ; c'étaient donc des artères et de grandes
artères du Congo, mais du haut Congo, et le voyageur anglais songeait avec tristesse à ce cours inférieur du Congo qu'il avait eu le
dessein de suivre et dont il était éloigné sans espoir de retour. Du
reste. il commençait à subir de dures privations : ses habits s'usaient ;
ses bas qu'il raccommodait lui-même avaient de si grands trous
qu'il pouvait se servir d'une aiguille à voile. Alvez retardait toujours
le départ, et il était arrivé un autre « chenapan, » nègre aussi, Lou-
renço Souza Coimbra, fils du major Coimbra de Bihé, dans le Benguela. Ce scélérat fieffé s'habillait d'une robe de femme ; il était
accompagné d'une troupe d'esclaves femmes qu'il maltraitait indigne-
ment, et sous prétexte de services, il avait des exigences odieuses et
repoussantes. Cameron, qui n'avait pu voir jusqu'alors le chef Kassonngo, le vit enfin et chercha encore à obtenir la permission d'aller
au Sànnkorra ; cette dernière tentative échoua : « Il n'y a que deux
partis à prendre, aller avec Alvez à Benguela ou retourner au Tanganyika avec Méricani ; mieux vaut traverser l'Afrique. »

Enfin on quitta Kilemmba ; mais la construction d'une maison pour
le chef à Totéla, maint accident, mainte exigence et mainte fourbe-
rie d'Alvez et de Coimbra reportèrent le véritable départ au 10 juin.
Dix jours de marche conduisirent au village de Lounga-Manndi, aux

limites de l'Ouroua et à l'entrée de l'Oussammbé. Alvez était toujours grossier et se déclarait maître et non serviteur ; Coimbra, souvent absent, ramenait de ses courses des esclaves, des femmes seulement! Cameron assiste à cette traite, indigné, mais impuissant : « Les pauvres créatures, dit-il, accablées de fatigue, les pieds déchirés, se traînaient avec peine. Leurs membres, couverts de meurtrissures et de cicatrices, montraient ce qu'elles avaient eu à souffrir de celui qui se disait leur maître. La somme de misère et le nombre des morts qu'avait produits la capture de ces femmes est au delà de ce qu'on peut s'imaginer. Il faut l'avoir vu pour le comprendre. Les crimes perpétrés au centre de l'Afrique par des hommes qui se targuent du nom de chrétiens et se qualifient de Portugais sembleraient incroyables aux habitants des pays civilisés. Il est impossible que le gouvernement de Lisbonne connaisse les atrocités commises par des gens qui portent son drapeau et se vantent d'être ses sujets. Pour obtenir cinquante femmes, dix villages avaient été détruits, dix villages ayant chacun cent à deux cents âmes, un total de quinze cents habitants. Quelques-uns avaient pu échapper ; mais la plupart, presque tous avaient péri dans les flammes ou avaient été tués en défendant leur famille, ou étaient morts de faim dans la jungle, à moins que les bêtes de proie n'aient terminé plus promptement leurs souffrances. » Quel tableau! Le trafic des esclaves que l'Europe proscrit est encore le fléau de l'Afrique équatoriale! De vils marchands, plutôt indigènes qu'étrangers, mais se couvrant tous d'un nom européen, pénètrent dans l'intérieur sous prétexte de négoce ; ils portent des étoffes, des verroteries, des fils de fer, de cuivre et d'acier, des armes, mauvaises sans doute, et de l'alcool ; ils rapportent un peu d'ivoire, mais surtout du bois d'ébène, des esclaves! Acheteurs et vendeurs, aussi méprisables les uns que les autres, trafiquants et rois, torturent des populations qui vivraient, douces et paisibles, sur une terre merveilleuse et fertile plus qu'on ne peut dire. Quelles belles vallées dans les hauts pays de l'Oussambé, de l'Oulounda, du Lovalé, que Cameron traversa en passant du bassin du Loualaba dans celui du Kasaï! Nous ne le suivrons pas d'étape en étape, nous tomberions dans de constantes répétitions, assistant toujours aux mêmes scènes d'avarice et de cruauté. Que de villages déserts il rencontra, dont les cases vides témoignaient des violences des chefs, pourvoyeurs des trafiquants! Pendant près de deux cents kilomètres, il suivit presque la crête des montagnes qui séparent les eaux du Congo des eaux du Zambèze ; enfin, par 11° 20′ de latitude et 19° de longitude, il coupa la route qu'en 1854 avait suivie Livingstone pour se rendre à Loanda. Il rencontra même un chef, Kalammbé, qui avait vu le grand voyageur ; il le questionna, mais la seule chose qu'il put en tirer, c'est que Livingstone était monté sur un bœuf, « circonstance qui paraissait avoir laissé dans sa mémoire une empreinte ineffaçable. » Cameron se trouvait à peu de distance du lac Dilolo, et il recueillit sur sa formation une étrange légende : « A la place où est aujourd'hui le lac, il y avait autrefois un grand village où l'on était heureux. Tous les habitants étaient riches ; ils possédaient tous beaucoup de chèvres, de volailles, du grain et du manioc. Ces gens riches passaient gaiement leur vie à manger et à boire, sans penser au lendemain. Un jour, un homme très âgé vint dans cet heureux village ; il était las, il était affamé et demanda aux gens d'avoir pitié de lui, car il avait encore à faire une longue route ; mais au lieu d'écouter sa demande, les gens le poursuivirent de leurs moqueries et encouragèrent les enfants à lui jeter de la boue et des ordures. Mourant de faim et les pieds déchirés, il sortait du village, quand un homme plus généreux que les autres lui demanda ce qu'il voulait. Il répondit qu'il avait besoin d'un peu d'eau, d'un peu de nourriture et d'un coin où il pût se reposer, car il tombait de fatigue. L'homme généreux l'emmena dans sa hutte, lui présenta à boire, tua une chèvre et plaça bientôt devant lui une bouillie de grain et un plat de viande ; puis quand le vieillard fut rassasié, le villageois lui donna sa propre couche pour y dormir. Au milieu de la nuit, l'étranger se leva, alla réveiller l'homme généreux et lui dit : « Vous avez été bon pour moi, je veux à mon « tour vous rendre service ; mais ce que je vais vous confier ne doit « pas être connu de vos voisins. » L'autre promit le secret, sur quoi le vieillard lui dit : « Avant peu, il y aura pendant la nuit un grand « orage ; dès que vous entendrez le vent souffler, levez-vous, prenez « tout ce que vous pourrez emporter et fuyez bien vite. » Ayant dit ces paroles, le vieillard s'en alla. Deux nuits après, l'homme généreux entendit pleuvoir et venter comme il ne l'avait jamais entendu. « L'étranger a dit vrai, » pensa-t-il, et, se levant bien vite, il partit avec ses femmes, ses chèvres, ses esclaves et tout son avoir. Le lendemain matin, à la place où était le village se trouvait le lac Dilolo. »

Ne dirait-on pas un récit de la Bible? Et pourquoi ce récit n'aurait-il pas été fait aux indigènes par un des premiers explorateurs, et ne serait-il pas devenu comme autochtone avec le temps, qui aurait fait oublier son origine? Ce n'est pas seulement à l'Afrique que peut s'appliquer cette remarque, mais à l'Asie, à l'Amérique surtout, où des légendes bibliques se sont comme revêtues d'une antiquité locale, et se confondent aujourd'hui avec les vieilles traditions de la cosmogonie indienne.

Cameron ne suivit pas les traces de Livingstone, et après être resté près du chef Kalammbé, du 7 au 12 septembre, il prit au sud-ouest, et, le 17, arriva chez Mona-Peho, dans un village situé par 12° de latitude et 18° de longitude. Il fut heureusement bien reçu et obtint quelques secours pour ses gens, qui étaient misérables, couverts pour la plupart de haillons d'étoffes d'herbes. Un peu plus à l'ouest, il rencontra une caravane qui allait dans l'intérieur; il échangea avec un esclave qui parlait portugais une étrange conversation; Alvez avait dit qu'il l'avait trouvé dans l'Ouroua, vaguant d'un lieu à un autre : « Mais par quel motif? achetez-vous de l'ivoire? —Non. — Des esclaves ? — Non. — De la cire? — Non. — Mais que diable faites-vous donc? — Je m'informe du pays. » Cameron ajoute: On me regarda comme un fou.

Enfin, dans le Bihé, près de Komananhté, il entra, le 3 octobre, dans le domaine d'Alvez, qui fut reçu avec des cris de joie par ses femmes et ses serviteurs. La halte fut d'une semaine, et bien qu'Alvez ne renonçât pas à tromper Cameron, sur sa signature qui, maintenant qu'on approchait de la côte, prenait de la valeur, il lui fournit du café, du savon, des étoffes, et la caravane put se vêtir. Le 10 octobre, Cameron quitta Alvez sans regret, et avec un nouveau guide, un nègre civilisé, Manuel, il s'achemina vers la mer. Il eut sur la route une surprise heureuse; il fut reçu par un senor Gonçalvès, dans une vraie demeure européenne; il déjeuna et dîna dans une pièce planchéiée, dont les fenêtres avaient des jalousies. Il dormit dans un vrai lit, entre des draps, pour la première fois depuis qu'il était en Afrique. Ce Gonçalvès était un ancien marin qui s'était fixé dans le Bihé, où il avait créé un domaine et l'avait cultivé pendant trente ans. Il revenait de Lisbonne, après avoir essayé d'y vivre mais sans y avoir réussi ; il était fait à la vie solitaire, et seule elle lui convenait.

La mer était encore bien éloignée, et la route fut pénible; on traversa bien des pentes rocheuses, abruptes ; Cameron était épuisé. Enfin, après bien des jours, bien des étapes, du haut d'une montagne il aperçut une ligne brillante qui au loin se détachait sur le ciel. C'était la mer : « Xénophon et les Dix Mille ne l'ont pas saluée avec plus de bonheur que nous le fîmes alors, moi et ma poignée d'hommes exténués. Une ville était en vue, Catombéla, et le lendemain, 6 novembre 1875, nous vîmes venir à nous, avec des provisions, un blanc à l'air joyeux, qui nous acclama. et, débouchant un flacon, but au premier Européen qui avait traversé l'Afrique de l'est à l'ouest. Le toast était véridique, et celui qui le portait était un Français établi à Benguéla, un ancien officier de marine, M. Cauchoix. » Cameron ne put répondre à la gaieté de son hôte : il était malade, il avait le scorbut, et il fallut le porter à Benguéla. Il se remit promptement, et quinze jours plus tard, le 21 novembre, il put se rendre par mer à Loanda ; mais laissons-le parler : « Le consul anglais me reçut assez mal, se demandant quel pouvait être l'individu pâle et défait qui était devant lui. — Je viens vous rendre compte de ma personne, lui dis-je ; j'arrive de Zanzibar (ce nom le fit me regarder en face), à pied, ajoutai-je. Il recula d'un pas, et laissant retomber ses deux mains sur mes épaules : Cameron, mon Dieu ! s'écria-t-il. Je sentis qu'en David Hopkins j'avais un véritable ami. »

Le gouverneur, l'amiral Andradé, fut aussi chaud dans son accueil. Cameron voulait rapatrier ses Zanzibarites, suivant la promesse qu'il leur avait faite ; il acheta un petit navire qu'il appela du nom de sa mère, *Frances-Cameron*, et qui, le 8 février 1876, mit à la voile. Quant à lui, il revint en Angleterre sur le *Congo*. Le 2 avril, il entra à Liverpool, « et ce fut avec le cœur plein de gratitude envers Dieu, qui l'avait protégé à travers tant de périls, qu'il reconnut sa mère parmi ceux qui étaient venus saluer son retour. » Son absence avait duré trois ans et quatre mois.

STANLEY

—

X

Ce que n'avait pu faire le commandant Cameron (il était parti lieutenant, mais pendant son expédition il avait été nommé commandant), un autre le fit, et cet autre fut l'Américain hardi qui avait
retrouvé Livingstone en 1871, l'heureux *reporter* du *New-York
Herald*, Henry Moreland Stanley : Cameron avait conçu le dessein,
Stanley l'exécuta. Il ne faut pas oublier en effet que Cameron avait
écrit à la société de géographie de Londres : « Je me propose de me
rendre au Victoria-Nyanza par le Kilimandjaro, d'explorer le lac, de
gagner l'Albert, puis le Loualaba et de descendre le Congo jusqu'à
son embouchure. » La société n'accepta pas son plan, ou du moins
le réduisit à une nouvelle recherche de Livingstone et à la descente
du Congo ; et nous venons de voir que Cameron rencontra bien en
avant du Tanganyika le convoi funèbre du docteur et que, s'il eut
l'heureuse chance de trouver le Loukouga, cette issue vers l'ouest
des eaux du Tanganyika et de reconnaître qu'elles se versaient dans
le Loualaba, qui devait être le Congo, arrivé sur le Loualaba à
Nyanngoué, il ne put continuer à suivre en aval le cours du fleuve.
Il avait atteint la limite extrême du trafic des Arabes, leur dernier
comptoir, et comme ils ne voulaient pas montrer un homme blanc,
ennemi de l'esclavage, à des populations au milieu desquelles ils
n'avaient pas encore pénétré, mais dont les chefs étaient leurs pourvoyeurs d'esclaves, il fut par eux et malgré lui détourné de son but ;
un chef, leur complice, le mena au sud et, pour ainsi dire, de leurs
mains le fit passer dans celles des Portugais, autres trafiquants également misérables, et qui adonnés au même rôle indigne n'entrent
en rapport avec les chefs noirs de l'ouest que pour leur acheter leurs

sujets. Il n'a manqué à Cameron ni le courage, ni la ténacité, ni l'intelligence, mais il n'a pas été assez fort pour triompher des obstacles que les hommes et la nature lui ont opposés; sa caravane était trop peu nombreuse, et pas assez pourvue d'armes, de provisions, d'objets de commerce; il lui reste la gloire d'avoir trouvé le Loukouga, et d'avoir le premier, comme le lui a dit à Catombéla le Français, M. Cauchoix, traversé l'Afrique centrale de l'Orient à l'Occident. Il avait espéré faire plus, et au début du récit de son voyage, après avoir rappelé la proposition complète qu'il avait envoyée à la société de géographie, il ajoute avec tristesse et générosité : «Cette route que j'aurais voulu suivre, est suivie actuellement, aux frais du *New-York Herald* et du *Daily Telegraph,* par M. Stanley, l'un des voyageurs africains les plus énergiques et les plus heureux. Puissions-nous apprendre bientôt que ses efforts ont été couronnés de succès! » Quelle noble résignation dans ce souhait qui s'est accompli !

La seconde expédition de Stanley est due, comme la première, à l'initiative privée : il l'organisa avec soin et choisit avec précaution ses serviteurs anglais, Frédéric Barker et les frères Pocock. Il quitta l'Angleterre le 15 août 1874, et par la voie de Suez et d'Aden arriva à Zanzibar le 22 septembre. Autour de lui se groupèrent bientôt ses anciens serviteurs et ceux de Livingstone : ils furent effrayés de l'étendue du projet : « Eh ! maître, il faudra six, neuf, dix ans. » Il les rassura : il n'avait plus besoin d'être conduit; il se conduirait bien lui-même ; et ils devaient se rappeler avec quelle rapidité ils étaient revenus du Tanganyika à Zanzibar. Il enrôla quatre cents hommes, auxquels il distribua d'avance 25,000 francs, quatre mois de paye, sachant bien que tous ne seraient pas fidèles, que tous ne seraient pas braves ; aussi n'eut-il plus tard aucune déception. Il formait ainsi une petite armée et une troupe de porteurs. Pour acheter des vivres dans l'intérieur, il se pourvoit d'objets d'échange, de calicot, de verroteries, de fils métalliques, et les dispose en ballots. Il a les yeux ouverts sur des difficultés qu'il connait par expérience; il les annonce; au départ, il lui manquera une quinzaine d'hommes; pendant les premières marches, les désertions continueront; on est trop près de la mer; à la première contrariété, à la première souffrance, on s'en va; la fatigue éprouve même les plus énergiques qui doivent être contenus; le succès dépend de la fermeté du chef autant que de son intelligence. Stanley le sait et le dit : « Au départ la cara-

vane sera digne d'être vue ; mais trois semaines après, combien
différent sera l'aspect ! Elle aura diminué en nombre ; les forts seront
devenus faibles, les robustes seront malades, le chef sera près de
désespérer et de souhaiter de ne s'être point aventuré une seconde
fois dans l'océan de tracas, de désastres, qui environne et obsède le
voyageur en Afrique ! Telles sont mes prévisions, qui ne sont pas des
plus brillantes. Néanmoins quand le soldat s'est coiffé de son casque,
il est trop tard pour déplorer les sentiments qui l'ont poussé à s'en-
rôler... »

Un bateau avait été construit à Londres ; comment en effet, sans
bateau, explorer, traverser, descendre et remonter les rivières ? Le
constructeur Messenger l'avait fait très-grand et ne l'avait pas assez
fractionné. M. Ferris le raccourcit, le subdivisa, le rendit facilement
transportable. Les instruments les meilleurs, les plus capables de
donner les seuls résultats qui contentent les savants, étaient sortis
des mains d'excellents fabricants : chronomètres, sextants, horizons
artificiels, pédomètres, baromètres anéroïdes, thermomètres, etc., etc.,
appareils de photographie avec une grande provision de plaques, une
demi-douzaine de bonnes montres en or et en argent, des cartes en
blanc, enfin tout ce qui était nécessaire.

Le premier but du voyage était le lac Victoria-Nyanza. Nous retrou-
vons ici la pensée de Livingstone : d'où venait le Nil ? N'était-il
alimenté que par les grands lacs de Speke et de Baker ? Etait-il bien
distinct du Tanganyika et aussi de ce grand cours d'eau, le Loualaba, qui suivant toute présomption n'était autre que le Congo ? Il
s'agissait de déterminer l'orographie de l'Afrique centrale et de fixer
les lignes du partage des eaux.

L'expédition quitta Bagamoyo le 17 novembre 1874 ; tous les nègres
étaient ou ivres, ou gris, ou très gais : « Très-bien, messieurs les
nègres, dit Stanley ; aujourd'hui, c'est votre jour ; demain commencera
le règne de la discipline et de l'ordre. » Sa main était de fer, il la fit
sentir ; il réprima en un moment une sorte d'émeute et tout fléchit.
Au passage du Kingani, il fit l'épreuve de son bateau, la *Lady-Alice* :
les diverses parties furent vissées rapidement, et sur l'autre bord,
après plusieurs voyages, dévissées rapidement ; elle portait trente
hommes et trente balles, trois tonnes. La chaleur fut pénible dans
les montagnes du Kangana ; le 12 décembre, Mpuapua, dans l'Ousago-
rou fut atteint ; on laissa à l'ouest la route de Kaseh et du Tanganyika,

et on se porta au nord vers le Victoria-Nyanza, à travers l'Ougogo et l'Ousoukouma. On marcha pendant deux mois, tantôt dans des plaines stériles, tantôt dans des vallées fertiles, rencontrant des chefs perfides, des chefs bienveillants, des populations sauvages, des populations douces; la guerre sévissait parfois tout autour de la caravane; les vivres étaient chers, souvent rares; à la fatigue s'ajoutaient les maladies, la fièvre surtout et la dysenterie, et le fléau du pays, l'ulcère des pieds. Un des frères Pocock tomba malade, il fallut le porter en hamac. Près de Vinyata, les Ouarimi attaquèrent, et trois jours de lutte suffirent à peine à les épouvanter et à les mettre en fuite. Après les maladies, les batailles décimaient les rangs. « En moins de trois mois, j'avais déjà perdu par la dysenterie, la famine, les maladies de cœur, la désertion et la guerre, plus de cent vingt Africains et un Européen! Même dans un régiment nombreux, une telle réduction serait jugée une catastrophe. Quel nom lui donner quand le recrutement est impossible, là où chaque homme qui meurt constitue une perte qu'on ne peut réparer, quand l'œuvre à accomplir, travail qui doit durer des années, ne fait que commencer, quand chaque matin l'on se dit à soi-même : Aujourd'hui sera-t-il mon dernier jour? »

Enfin, le 27 février 1875, le Victoria-Nyanza fut atteint à Kagehyi par 33°13′ de longitude est et 2°31′ de latitude sud. Qui avait raison, de Speke ou de Livingstone? Le Victoria est-il un lac unique, comme l'avait dit Speke, ou un groupe de lacs, comme l'avait présumé Livingstone? Stanley tenait à résoudre cette question. Il laissa sa caravane à Kagehyi, et, sur la *Lady-Alice*, avec un équipage de onze hommes choisis et un guide, il commença par l'est le périple du lac. Il longea la côte de l'Ourouri, de l'Ougeyeya, pays très pittoresques où les montagnes s'élèvent à 2,200 mètres au-dessus du niveau de la mer, mais dévorés par l'esclavage. Il parle d'un marchand, Sungoro, qu'il aurait fait pendre avec joie, et il dut s'en servir comme messager. Il est moins ému que Livingstone par l'odieuse traite des noirs, moins troublé que Cameron; il s'indigne et s'irrite, et s'écrie : « Si jamais un pirate a mérité la mort, c'est Sungoro. » Stanley fut deux fois attaqué par les naturels et deux fois vainqueur; enfin, entrant dans la baie Murchison, il fut reçu par le roi Mtésa dans sa capitale. Mtésa n'était plus le chef sauvage qui avait tant fait souffrir Speke; Stanley le trouve dans une vraie ville, dans un vrai palais; il est vêtu comme un Arabe ; il parle en *gentleman* aimable ; il a renoncé aux cruautés, aux massacres ; c'est un grand roi qui se pare de son armée, de sa flotte, qui sait donner une fête avec pompe et éclat. Il a subi l'influence de l'Egypte et surtout des explorateurs européens qu'elle lui envoie. Stanley put s'en convaincre ; il assista à la réception vraiment solennelle du colonel Linant de Bellefonds, officier au service de l'Egypte, et entra lui-même en rapports avec cet envoyé du colonel Gordon, et il le juge comme un voyageur très distingué, très énergique. Cette rencontre est un des heureux accidents de son voyage.

Mtésa consent à aider l'habile et tenace Américain qui sait lui plaire ; il lui donne une escorte de 30 canots et de 500 hommes. Mais l'amiral Magassa s'étant arrêté pour deux jours à l'île Sassé, Stanley prend les devants, non sans risque, car sur les bords de l'Ouganda, dans l'empire même de Mtésa, ce qui prouve que le pouvoir de ce roi est parfois méconnu et ce qui explique certains restes de rigueur, malgré la présence de deux canots impériaux, il est attaqué et n'échappe qu'à force de prudence et de courage. Il continua seul encore sa route et il fit bien, car s'il avait tardé, il n'aurait plus retrouvé son expédition dans l'Ousoukouma. Ses soldats, lassés d'attendre le chef qui était parti depuis cinquante-huit jours et enivrés par la victoire de Vinyata, étaient décidés à retourner à Zanzibar et à y jouir de leur gloire ; sa vue seule les arrêta. « Ici, comme sur le lac, dit Stanley, Dieu a été avec nous, et bien que nous ayons supporté de lourdes épreuves, il nous en a épargné d'écrasantes. » Toutefois, le 23 avril, Frédéric Barker était mort ; de quatre Européens il en reste deux : « à qui le tour ? » dit-il. Mais onze cents kilomètres de pays malsains le séparent de la mer Indienne, mieux vaut marcher en avant vers l'Atlantique.

L'opinion de Speke était justifiée : le Victoria est un lac unique, un grand et beau lac, une vraie mer intérieure qui mesure dans sa plus grande longueur comme dans sa plus grande largeur 300 kilomètres ; mais Livingstone qui ne l'a pas vu, qui n'en a parlé que par ouï-dire, a pu être trompé par les indigènes qui affirmaient l'existence de lacs entre le Tanganyika et le Victoria. C'était une nouvelle vérification à faire, et Stanley se proposait de gagner l'Albert-Nyanza et de revenir sur le Tanganyika par ces lacs nouveaux ; sur cette route il était sûr de trouver le point de partage entre les eaux du nord et celles de l'est. Mais quand, après quelques jours de repos consacrés à la mise au net des notes et des cartes, il voulut partir, il apprit qu'un souverain noir, Ruoma, lui fermait la route de terre et la route d'eau. Le message même de ce petit roi est curieux : « Ruoma envoie ses salutations à l'homme blanc. Il n'a pas besoin des étoffes, des verroteries ni du fil métallique de l'homme blanc, et l'homme blanc ne devra pas traverser son pays. Ruoma ne se soucie pas de le voir, lui ni tout autre homme à longs cheveux rouges tombant sur les épaules, à face pâle, à gros yeux sanguinolents. Ruoma n'a pas peur de lui, et si l'homme blanc vient près de son pays, Ruoma le combattra. » Que faisait donc l'amiral Magassa? Il trahissait l'allié de son maître; l'autorité de Mtésa, on le voit, n'était pas toujours efficace. Stanley restait seul devant Ruoma qui disposait de 150 fusils et de nombreux noirs, et qu'aidait un célèbre chef de brigands, Mirambo. Heureusement il put obtenir l'amitié d'un chef voisin, Loukoungeh, qui, après plusieurs visites échangées, promit 50 canots et 300 hommes d'escorte; la lutte eût toujours été un affaiblissement; mieux valait réussir par la diplomatie. Par précaution, Stanley se porta sans retard sur une île placée à moitié chemin de l'Ouganda, qu'il appela *Refuge* et qu'il fortifia; il se défiait des chefs de l'Ousoukouma, qui, en effet, ne l'auraient pas laissé partir, s'il ne leur avait montré que, tout en évitant le combat, il ne le craignait pas ; il tint même pendant quelques minutes l'un d'eux, Kipingiri, au bout de son fusil. L'ennemi était partout et un moment de faiblesse eût tout perdu. Il fallut encore négocier et combattre sur le lac; enfin, après cinquante-six jours de navigation, Stanley débarqua, août 1875, à Doumo, dans l'Ouganda; il n'avait perdu dans la traversée que six hommes noyés, cinq fusils et une caisse de munitions.

Restait à revoir Mtésa et à obtenir son appui pour atteindre l'Albert; autrement comment traverser, dans l'Ounyoro, pays ennemi de l'Ouganda, une population ennemie des blancs? Car la vue d'un blanc est l'annonce de la guerre ou de l'esclavage. Mtésa, toujours bon et fidèle allié, donna une armée de 2,000 hommes, commandée par le général Sambouzi, et quelques volontaires pour la troupe américaine. La traversée de l'Ouganda, en pays ami, fut un plaisir; la terre, comme partout dans le centre de l'Afrique, y est d'une fécondité exubérante : les fruits abondent et aussi les animaux utiles; vingt-sept cerfs furent tués et donnèrent aux repas un luxe européen. Le

5 janvier 1876, Stanley entra dans l'Ounyoro que gouvernait Kabba-Rega, et par son escorte imposante effraya les habitants qui s'enfuirent; il franchit la crête des montagnes entre le Victoria et l'Albert, à une altitude de 1,800 mètres, au pied du fameux Gambaragara qui, haut de 5,000 mètres, rivalise avec le Kilimandjaro et le Kenia, les géants des montagnes à l'est du Nyanza. Le sommet du Gambaragara est habité par une race blanche qui, sans ses cheveux laineux, rappellerait exactement le type arabe ou berbère. Est-elle une exception dans cette Afrique équatoriale? non; n'existe-t-elle qu'en ce seul point? non; Livingstone a entendu parler à Oudjiji d'hommes blancs qui habitent au nord. Il y a là un des mystères non encore expliqués de la dispersion des hommes en Afrique, et de longues années s'écouleront avant qu'il soit éclairci. Stanley a vu quelques-uns de ces blancs; il s'en trouvait dans la troupe que lui avait donnée Mtésa; on aurait pu les prendre pour des Grecs vêtus de chemises blanches; ils étaient attachés à un chef, Sekadjougou, qui avait pour eux de vrais égards. Le 11 janvier, l'expédition arriva sur le bord d'un plateau qui dominait le lac Albert et le village d'Ounyampaka. Stanley voulait descendre sur le bord du lac, construire un camp retranché, monter la *Lady-Alice* qui ne le quittait pas, et explorer la belle et imposante étendue d'eau qui se déroulait sous ses yeux; il espérait rencontrer le colonel Gordon et son *steamer;* il n'en eut pas même de nouvelles; les naturels n'avaient jamais vu que des canots. Sambouzi s'opposa à toute descente et à tout séjour; le 13, il fallut reprendre le chemin de l'Ouganda. Stanley se soumit en grinçant des dents, car il entrait dans ses vues de relever les côtes de l'Albert comme il avait relevé celles du Victoria. Le 14 il passa à Benga et le 18 il rentra à Doumo.

Il prit son parti sans hésiter et marcha au sud; Mtésa, sans doute indigné de la conduite de Sambouzi qu'il punit, lui proposa une armée de 50,000 hommes; mais il était déjà sur le Kagera, et le chef Roumanika, qui se montra dévoué, le détourna d'un voyage au milieu de populations belliqueuses et sans foi qui tueraient ses hommes et prendraient ses ballots. Les naturels disaient que la Kagera venait de l'Albert et unissait les deux grands lacs : assertion inacceptable, l'Albert étant de cent mètres au-dessous du niveau du Victoria et de hautes montagnes s'élevant entre eux. Mais n'était-ce pas d'un autre lac que sortait le Kagera? Et, grâce à la *Lady-Alice,* la vérification était possible. Stanley trouva d'abord une sorte de lac que les herbes et les feuilles, qui le couvraient, rétrécissaient et ramenaient aux proportions d'un cours d'eau, bien que sur une longueur de 130 kilomètres il eût encore de 8 à 24 kilomètres de large; c'est le lac Windermere de Speke; un cours d'eau y entre à l'ouest; il vient d'un autre lac que Stanley appela Alexandra-Nyanza, et il étendit à la rivière ce nom d'Alexandra. « Voilà un nouveau Nil, écrit-il; James Bruce a trouvé le Nil Bleu il y a un siècle; Speke et Grant, le Victoria; Baker, l'Albert; j'ai trouvé le quatrième, l'Alexandra, à 3° au sud de l'équateur ; j'ose prendre le nom de la princesse de Galles en déposant à ses pieds le tribut de mes découvertes. »

Le temps était venu de quitter le haut bassin du Nil ; il se porta au sud et atteignit à Msene le Mélagarasi, affluent du Tanganyika ; un des tributaires du Mélagarasi, la Gombe, a sa source près de celle du Chimliu, affluent du Victoria, et le point de partage se trouve sur le 5° de latitude sud, au 34° de longitude est. De là, Oudjiji fut bientôt revu, et aussitôt s'éveillèrent chez Stanley tous les souvenirs qu'il avait gardés de Livingstone, avec la résolution plus ferme que jamais de continuer son œuvre.

Stanley fit monter la *Lady-Alice* et commença, le 11 juin 1876, le périple du Tanganyika, qu'il acheva le 1er août en rentrant à Oudjiji. Toutes les côtes furent relevées avec un chronomètre et des observations solaires; il se plut même à recueillir, sur la formation du lac, des légendes primitives qu'il est inutile de rapporter; il constata qu'il formait un bassin fermé par de hautes montagnes, sauf en un point ; il retrouva la brèche de Cameron, l'issue des eaux, le Loukouga. Il avait pris le guide même de Cameron, et il gagna par des présents le chef qui avait prêté son canot à l'homme blanc. Il ouvrit une enquête. Des naturels assuraient que le Loukouga sortait du lac, d'autres qu'il y entrait ; ce qui est vrai, c'est que deux cours d'eau coulent près l'un de l'autre : l'un affluent, l'autre émissaire du lac. Le premier vient du nord-ouest, le second coule au sud-ouest. Une carte a été dressée sur ces indications par M. Bourgh, qui fait sortir l'affluent d'un petit lac.

« La découverte de Burton est complétée, dit Stanley; tout est déterminé, fixé ; » il n'y a donc plus qu'à aller à l'ouest sur les pas de Livingstone et de Cameron. D'ailleurs, à Oudjiji sévit une épouvantable épidémie de petite vérole ; quarante personnes au moins, et par-

fois soixante-quinze meurent chaque jour : on ne peut s'attarder ;
déjà huit noirs de l'escorte ont succombé ; mais le pays de Manyema
a une telle réputation d'anthropophagie, que sur l'ordre du départ
quarante-trois désertions se produisent ; d'autres se préparent ; Stanley met aux fers les chefs du complot et traverse le lac. Ce n'est pas
seulement la peur d'être mangé qui obsède chaque homme de l'escorte, c'est aussi celle de l'esclavage. Quels horribles parcs à esclaves
renferme Oudjiji, et c'est le Manyema qui les pourvoit. Au delà du
lac, dans les marches rapides, sous un chef redouté et aimé, qui
avait prouvé qu'il méritait toute confiance, les folles terreurs dispa-
rurent, et avant Bambarré, la gaieté éclata bruyante et sereine. Vingt-
huit étapes en quarante jours, du 15 septembre au 25 octobre 1876,
menèrent du Tanganyika à Nyanngoué. Comme Livingstone et Cameron, Stanley avait suivi le Louamo jusqu'à son confluent avec le
Loualaba, et ensuite ce fleuve jusqu'à Nyanngoué. Comme il ne veut
ni s'arrêter là comme Livingstone, ni se laisser entraîner au sud
comme Cameron, il observe, il s'informe, il cherche des renseignements. Que sont les pays au nord ? que devient le Loualaba ? Il oppose
tout ce qu'il sait de Livingstone à ce qu'on lui dit de Cameron, et
c'est alors qu'il avance, bien à tort, que Livingstone a pris ce cours
d'eau pour le Nil. Nous l'avons vu, le docteur a dit : « Est-ce le Nil ?
est-ce le Congo ? » et sa raison lui faisait ajouter : « Ce doit être le
Congo. » Quant à Cameron, il n'a jamais hésité ; pour lui, le Loualaba et le Congo ne sont qu'un fleuve.

Stanley, ferme dans sa pensée, déclare qu'il descendra la vallée ;
des contrées inextricables, des populations impitoyables l'attendent.
Quelle tâche ! Il sait à quels dangers il s'expose, et il ne fléchit pas.
Il compte sur sa petite armée ; il a 140 fusils et 70 lances ; il s'ou-
vrira un chemin au milieu des plus fortes tribus. Il est, toutefois, un
ennemi plus cruel que les sauvages, la faim, et il n'emporte que pour
six mois de vivres ! Et s'il ne peut les renouveler ! Et s'il faut aller
au delà de l'équateur ! ..... « Allons, écrit-il, Dieu est avec nous. »

Il avait connu Livingstone ; il pouvait en parler, et ce fut pour
lui, dans le Manyema, une autorité. Les indigènes répétaient entre
eux : « Il a été avec le grand voyageur Daoud (David), avec l'homme
blanc notre ami, l'homme bon qui nous protégeait contre les Arabes,
contre les mauvais marchands, qui aimait notre pays, ses grands
arbres, ses belles eaux, qui assurait que nous étions riches. » Et ils

ajoutaient, en s'adressant à Stanley : « Aimez-nous comme lui. » Quel hommage ! Et ces noirs, qui honoraient en lui le compagnon du bon missionnaire, le comblèrent de présents et de provisions, et lui souhaitèrent honneur et succès.

XI

Stanley quitta Nyanngoué le 5 novembre 1876 ; l'inconnu, l'inexploré l'attirait ; il était pris d'une joie enthousiaste que partageait son serviteur blanc, le seul qui lui restât, Frank Pocock. Son expédition, au dire des Arabes, était une folie ; il avait le devoir de la tenter ; s'il réussissait, quelle noble et à jamais mémorable conquête ! S'il échouait, il partageait le sort de vingt autres pionniers qui, avant lui, ont péri ou sont revenus en arrière. Que lui importaient les forêts inextricables, les jungles impénétrables, les nègres cannibales et ces *nains* féroces, monstres horribles de ces contrées ! Les Arabes avouaient qu'ils les connaissaient ; ils en avaient reçu de l'ivoire, des esclaves, et en échange ils avaient donné des fusils, de la poudre ; les Portugais pouvaient faire le même aveu.

Pour déterminer, au départ, la confiance de ses gens, Stanley fit marché, avec un chef arabe, qui s'engagea à l'accompagner pendant soixante étapes. Nyanngoué est sur la rive droite du fleuve, et c'est par cette rive et par terre que l'expédition commença. La forêt était si serrée, si lugubre, la marche était si pénible que l'escorte arabe se découragea, et il fallut se rapprocher du fleuve, que l'on rejoignit à 3° 35′ 17″ de latitude sud, à 1° environ de Nyanngoué. On monta la *Lady-Alice*, et la caravane, se partageant, suivit le cours même de l'eau et la rive. Devant ce Loualaba si large, si majestueux, devant ces puissantes forêts qui l'entourent, le voyageur est comme fasciné, et son enthousiame se communique à ses compagnons par des paroles vraiment poétiques : « Ce vaste fleuve a coulé ainsi depuis la création, à travers les contrées sauvages et inconnues qui s'étendent devant nous, et nul homme, qu'il soit blanc ou noir, ne sait où il va ; mais je vous dis solennellement que je crois que le Dieu unique a voulu que cette année ce fleuve soit exploré dans toute sa longueur et devienne connu du monde entier. Je ne sais pas ce qui nous attend ; nous pouvons rencontrer des peuples très méchants ; nous pouvons souffrir de la faim ; nous pouvons mourir ; nous sommes dans les mains de l'Eternel : j'espère que tout se passera pour le mieux. »

La division de terre s'égara, et elle ne rallia la division fluviale qu'au confluent du Riouki où se livra la première bataille. Les naturels se montraient, en effet, très hostiles ; en vain on leur offrait des étoffes aux couleurs brillantes, des verroteries, des fils métalliques, ils ne présentaient pas de vivres en retour et se tenaient à l'écart sombres et farouches ; en vain Frank Pocock se soumit au répugnant usage de la fraternité du sang, il ne les gagna pas. Ils observaient la troupe de l'homme blanc, guettant une occasion favorable pour l'attaque ; ils laissèrent passer les chutes d'Oukassa par-dessus lesquelles l'*Alice* et les canots qui l'accompagnaient se lancèrent hardiment. Mais le 6 décembre, dans l'Ouasongero, la rivière fut barrée par quatorze grandes barques montées par de farouches ennemis, les Bakousous. Après de vains essais de négociation, la lutte s'engagea ; aux flèches empoisonnées, les sniders répondirent, et le passage conquis, on établit sur le rivage un camp appuyé à la flottille. La nuit fut mauvaise et pleine d'inquiétudes ; la division de terre n'avait pas rallié ; elle se fit même attendre deux jours ; le camp transporté à un village, Vinyanjara, qui avait été pris de force, était sans cesse assailli ; les Bakousous ne se dispersèrent qu'à l'approche de l'escorte, et bien qu'ils eussent perdu leurs grands canots, ils gagnèrent sur quelques barques la rive droite et s'y cachèrent.

Quarante étapes avaient été parcourues, et les Arabes demandèrent à se retirer. Ce fut un moment douloureux : Stanley les paya et les remercia ; et se retournant vers ses hommes, dont il craignait le découragement, il s'écria : « Enfants de Zanzibar, dressez la tête ; criez : Bismillah ! plongez vos pagaies dans l'eau du fleuve. Que les Arabes retournent à Nyanngoué dire à leurs amis quels hommes braves sont ceux-là qui conduisent l'homme blanc le long de la grande Rivière jusqu'à la mer. » On était au 28 décembre, et la troupe passée en revue comptait 148 personnes, hommes et femmes.

Le 4 janvier 1877, au-dessous d'un confluent que Stanley prend pour celui du Lomami, un grand bruit d'eau annonça des cataractes ; il y en avait une série. Le plateau est, en effet, incliné vers le Nord, d'une pente irrégulière ; il est coupé de brusques vallées, comme de gradins, et l'eau furieuse se précipite en grondant à travers les rochers. Ces cataractes s'étendent de 0°32′26″ de latitude sud à 0°14′52″ de latitude nord, et c'est le 27 janvier que fut franchie la dernière. Cette contrée est splendide ; il est sans doute des gazons durs et piquants qui sont fort à redouter, des buissons épineux, mais quels arbres ! Quelles futaies ! Ecoutons Stanley : « J'arrivai, dit-il, à la lisière d'une futaie où de jeunes arbres géants s'étendaient en ligne, pareils à des tirailleurs, en front de la masse dense des Titans qui se dressait solennelle derrière eux. Les jeunes géants ne s'opposant point à mon passage, je continuai d'avancer, sentant mes yeux s'agrandir de plus en plus et l'étonnement m'envahir à la vue de la grosseur énorme, de la hauteur, du nombre et de l'ordre de bataille serré des monarques de la forêt... Je me sentais plus ému que je ne puis l'exprimer par le calme, le silence de mort, régnant au sein de cette masse confuse qui semblait un immense groupe de formes gigantesques, majestueuses, de nuance grisâtre, pareilles à de silencieux fantômes. Je les regardais avec la même émotion que j'avais souvent ressentie en contemplant de très anciennes ruines... L'atmosphère semblait imprégnée de souvenirs éloquents, bien que muets, d'une histoire ignorée ; en elle je lisais, *j'entendais et je respirais* le récit d'années écoulées, de temps qui ne sont plus... Ces géants semblaient me dire : Voilà des siècles que nous fûmes semés. Nous avons poussé silencieux, sereins, et sans que rien ne nous troublât. Nous ignorons les luttes, les débats et les passions de votre monde... Nous sommes vieux de cinq cents ans. Où étais-tu, toi, atome de cette humanité qui s'agite sans cesse et ne connaît point le repos, quand nous fûmes semés ? Qui es-tu, si ce n'est un accident passager, pareil à ces feuilles sèches qui couvrent nos racines? Pars, va dire aux individus de ta petite espèce que tu as vu le Silence. » Quelle sombre poésie, et comme elle est rendue !

Le fleuve présentait un nouvel aspect : il avait une largeur de 6 à 14 kilomètres ; il formait un lac très allongé vers le nord. Un moment Stanley eut le soupçon qu'il était tributaire du Nil ; comme Livingstone, il se demandait : Est-ce le Nil? Est-ce le Congo? Mais de nombreux affluents arrivaient, et l'un d'eux, sur la droite, apportait un gros volume d'eau ; il était large de 2,000 mètres ; il vient du nord-est ; les indigènes l'appellent Arououimi ; n'est-ce pas l'Ouellé de Schweinfurt ? et alors le Loualaba est bien le Congo. Quel spectacle offrait la réunion de ces puissants cours d'eau ! Il n'était pas, toutefois, temps de l'admirer ; une flotte ennemie s'avançait, avec des canots énormes qui attestaient la puissance de ces nations sauvages ; le plus gros était mis en mouvement par quatre-vingts rameurs. Quinze cents ou deux mille hommes firent voler les flèches et les zagaies ; les sniders répondirent ; l'engagement fut rude et long ; enfin la victoire resta à la caravane qui, débarquant, s'empara de douze villages. Elle y trouva une grande quantité d'ivoire, un temple entièrement construit en dents d'éléphants ; le butin compta 133 blocs d'ivoire qu'on peut évaluer à 90,000 francs.

Au milieu de cette victoire, Stanley se troubla : il avait déjà perdu seize hommes depuis le départ de Nyanngoué ; il était à 0° 46′ de latitude nord ; les cartes ne lui présentaient au delà que le vide ; où arriverait-il ? Que deviendrait-il, si le fleuve se dirigeait longtemps encore vers le nord ? Il voyait de ce côté des montagnes, le Djebel-Kumr des Arabes, peut-être ? Les montagnes de la Lune de Ptolémée ? Devait-il prendre l'Ouellé, et en marchant à l'est chercher le Nil et Gondokoro ? Non, non, il devait continuer. Le fleuve qui portait la *Lady-Alice*, n'était-il pas le *Bahar-Kouta* de Nachtigall, le *Fluss von Koubanda* de Barth, le *Bahr-Kouîlou* ou la *Grande Eau (Grosses Wasser)* de Browne ? Les Allemands l'avaient entendu nommer, ne l'avaient pas vu : lui Stanley, voguait à sa surface, et il s'arrêterait ! Jamais. Mais il importait qu'il descendît vite ; car après les sauvages, la faim le menaçait. Il suit le milieu du courant ; il n'est plus question de diviser la caravane ; il fuit la terre, évite les rives, les îles, et atteint le 1° 40′ de latitude nord par 21° 40′ de longitude. Le manque de vivres le force enfin à aborder ; il s'attend à la guerre, il trouve la paix, un bon accueil : « J'écrasai presque, dit-il, la main du vieux chef bienveillant dans la mienne en la lui serrant pour lui témoigner mon amitié sincère, ce qui le fit bondir. » Frank dut se soumettre encore à la fraternité du sang, et on eut des vivres, et on se reposa trois jours. Stanley apprit que la grande rivière s'appelait I-Koutoh-Y-Kongo : le Congo. Ce nom enlevait tous ses doutes. Pour la première fois, il revit des fusils ; la bonne tribu en avait quatre ; il crut les dangers finis ; il se trompait. Le 14 février, par 4°, 16′5″ de latitude nord et 19° de longitude, il livra la plus dure des batailles. Il avait enfin trouvé ce peuple de nains féroces dont on l'avait menacé, hauts de 2 1/2 pieds à 4 pieds. véritables chimpanzés intelligents,

armés de fusils à chevrotines, qu'ils avaient, d'où ? de la côte occidentale ; Il leur infligea un rude désastre.

Dès lors le fleuve coule au sud-ouest, et Stanley descend toujours
négociant ou combattant; il ne recourt au fusil qu'à la dernière extrémité, mais dès qu'il le faut, il sait résister et vaincre. Il a parfois
d'heureuses aventures ; une peuplade, pour le remercier d'avoir
détruit ses ennemis charge son bateau et ses barques de vivres et de
provisions. L'équateur fut franchi et le 1er et 2° degré au sud. Trompé
par la carte de Tuckey (1816), contre lequel il s'emporte, Stanley ne
put éviter les premières chutes de Massassa, il manqua y périr; il
perdit des canots et des hommes et son serviteur Franck Pocock,
qui était devenu son ami. Le pauvre Pocock avait des ulcères aux
jambes et ne pouvait marcher ; il s'obstina à rester dans une barque
qu'il lança sur une chute malgré le maître d'équipage, le noir
Oulédi ; il tomba dans un tournant ; on vit un instant son cadavre
et ce fut tout, 3 juin 1877. Stanley le pleura ; oh! s'il avait été près
de lui! Sur la foi de Tuckey, il avait cru le fleuve sans danger et il
avait pris terre, pour explorer le rivage. Enfin le confluent du Couango
fut dépassé et à dix kilomètres en aval fut livrée la dernière bataille,
la *trente-deuxième*. Qu'était le bruit d'une bataille comparé à celui
du fleuve, quand, resserré entre des falaises, il se gonflait et rou-
lait des vagues vraiment tonnantes : « Imaginez, dit Stanley, un
tunnel dans lequel passeraient sans cesse des trains à toute vapeur. »

Ici se place une aventure étrange que Stanley raconte avec com-
plaisance et regret. Aux mêmes lieux à peu près, au confluent du
Couango et du Congo, des indigènes le menacèrent de l'attaquer
parce qu'ils l'avaient vu écrire et prendre des notes : « il était
méchant, très méchant, faisait médecine sur papier; c'était sorcel-
lerie : il fallait brûler le papier. » Sacrifier ses notes, Stanley ne le
pouvait; il livra un petit volume de Shakespeare qui plus d'une fois
l'avait consolé. Il l'ouvrit : « Est-ce cela que vous demandez? — Oui.
—Est-ce cette médecine-là qui vous effraye ?—Oui, brûlez-la, elle est
méchante, très méchante ; brûlez-là. — Oh ! mon Shakespeare, me
dis-je en moi-même; adieu ! » —et le pauvre Shakespeare fut brûlé.
Mais quel changement soudain se produisit sur les visages de ces
naturels hargneux et en colère ! ce fut un véritable jubilé. Le pays
étant sauvé, leurs femmes et leurs petits enfants ne seraient point

visités par la maladie. « Ah ! le chef blanc est bon, si bon, c'est la bonté même, le meilleur de tous les hommes. »

Le courage du voyageur était toujours ferme, mais les munitions et les vivres étaient épuisés et à Ni-Sanda, le 6 août 1877, il dut s'arrêter, il n'était qu'à quatre jours de marche d'Emboma et ne pouvait faire un pas de plus. Il y envoya une lettre avec cette adresse étrange : *à n'importe quel gentleman parlant anglais à Emboma* : « Cher monsieur, je viens d'arriver ici de Zanzibar avec cent quinze personnes, hommes, femmes et enfants. Nous nous trouvons sur le point de mourir de faim ; nous ne pouvons rien acheter des indigènes, car ils se moquent des étoffes, des verroteries et du fil métallique... je ne vous connais pas, mais on me dit ici qu'il y a un anglais à Emboma, et, comme vous êtes chrétien et gentleman, je vous prie de ne pas mépriser ma requête... Nous sommes dans la plus grande détresse, mais si vos secours arrivent à temps nous pourrons atteindre Emboma... » Il signe H. Stanley, commandant de l'expédition anglo-américaine ; et il ajoute : « Vous pouvez ne pas connaître mon nom : je suis la personne qui a découvert Livingstone en 1871. »

La lettre parvint à MM. Motta-Viega et Harrison qui envoyèrent pour la caravane du riz, du poisson et du rhum, et pour le chef du pain de froment, du beurre, des sardines, des confitures, des pêches, du raisin, de la bière (grand Dieu, y avoir pensé !), trois bouteilles de *pale ale*, du thé et du sucre ; aussi quelle reconnaissance ! Pour la comprendre, il faut se représenter les souffrances du courageux américain pendant son voyage de neuf mois ; en partant de Nyanngoué, le 6 novembre, il n'avait que six mois de vivres, et il n'indique sur le fleuve que deux endroits où on lui en donna ou vendit, et en petite quantité. Aussi à trente-cinq ans, il avait les cheveux gris. La caravane était en joie. « Le Congo a donc une fin, et notre maître va voir l'océan et ses frères. »

Stanley s'arrêta à Emboma, à Kabenda et à Loanda jusqu'en septembre ; il rétablit sa santé et celle de ses hommes ; il en perdit toutefois encore quelques-uns que les dernières fatigues et la faim avaient épuisés. Il s'embarqua sur l'*Industry* pour le Cap et Zanzibar ; il avait promis à ses compagnons de les rapatrier et il tint parole. Le Sultan le remercia en le déclarant son ami et jura de surveiller les trafiquants du Tanganyika et du Loualaba et de faire cesser l'achat des esclaves. Si le Sultan Seyd-Burghath est fidèle à son serment, Stanley à lui seul aura plus fait pour l'abolition de l'esclavage que toutes les nations de l'Europe et les États-Unis.

Est-il nécessaire de louer ici Stanley? Nous ne le croyons pas; son œuvre parle assez haut. On sait du reste comment il a été reçu en Europe; quelle curiosité et quel enthousiasme il a excités à Paris; ses journées y furent des fêtes; la Société de géographie lui décerna sa grande médaille d'or; elle le reçut dans un banquet, exemple qui fut suivi par les journalistes qui avaient le droit d'être fiers de ce grand *reporter*. Géographes, écrivains tenaient à voir, à saluer cet homme si intelligent, si brave, qui modestement rapportait la gloire de ses découvertes au directeur du *New-York Herald*, à M. Bennett; il fallut même user de ruse pour proposer sa santé. On but « à M. Stanley, qui a trouvé le Congo, et à M. Bennett, qui a trouvé Stanley ».

XII

Il est temps de se résumer et de conclure.

Livingstone est resté trente-trois ans au centre de l'Afrique, et, s'il a justement attiré l'attention sur lui-même, il l'a bien plus encore attirée sur cette partie du monde naguère presque inconnue. De 1840 à 1852, il vécut à Kolobeng, au milieu de populations dont il se fit aimer. Il s'instruisit de leurs mœurs, de leurs idiomes, et se prépara aux grandes explorations de 1852 à 1856. Après la découverte du bassin du lac Ngami, il toucha le Zambèze, qu'il remonta au nord, ainsi que le Liba, son affluent, jusqu'au lac Dilolo ; puis, tournant à l'ouest, il traversa les hautes vallées de rivières que l'on considérait comme des affluents du Congo, sans qu'on en eût suivi le cours, et descendant du haut des montagnes dans le bassin du Couanza, il arriva à Saint-Paul de Loanda. Il reprit sa route et, revenu au Zambèze, il le suivit, en s'en écartant deux fois, jusqu'à ses bouches, à Quillimané. Il s'accorda à peine quelques mois de repos en Angleterre, et de 1858 à 1864 il compléta l'exploration du Zambèze, vit ce qu'il n'avait pu voir et, s'attachant à un gros affluent, le Chiré, il découvrit le grand lac Nyassa, qu'il visita à plusieurs reprises, qu'il chercha même à aborder par le nord-est, en remontant la Rowouma, qui, lui disait-on, en sortait. Il se reposa encore, mais quelques mois seulement, et obsédé réellement par une idée fixe, celle de déterminer dans le centre de l'Afrique le régime et les pentes des eaux ; il se demandait si en ce centre ne se trouvaient pas les sources du Nil, du Congo, des tributaires du lac Tchad; il revint en 1866 à l'embouchure de la Rowouma et entreprit une campagne qui ne finit qu'à sa mort, le 1er mai 1873. Par la Rowouma, qui n'en vient pas, il rejoignit le Nyassa, qu'il reconnut comme un bassin fermé, avec un seul émissaire, le Chiré; il se porta au nord jusqu'au lac Tanganyika et, à l'ouest du lac, visita de grandes rivières, de grands lacs, Moero, Banngouéolo, dont les eaux s'écoulent vers l'équateur; il alla jusqu'à Nyanngoué, et, revenu au Tanganyika, il en parcourut assez les rives pour déclarer qu'il formait un bassin fermé. Il reprenait la recherche de la vraie direction des eaux centrales et y préludait en fixant la ligne de partage entre elles et le Zambèze, quand la mort le saisit au sud du Banngouéolo.

Le lieutenant de la marine anglaise, Cameron, qui devint bientôt commandant, était parti de Zanzibar au secours de Livingstone, en 1873; il rencontra son convoi à Kaseh, mais continua son chemin ; lui aussi il voulait, au centre de l'Afrique, résoudre le problème de la direction des fleuves, et il avait proposé à la Société de géographie de Londres de l'aborder par le haut Nil et les grands lacs. Sur son refus, il avait entrepris de seconder Livingstone, et, Livingstone mort, il s'attacha au Tanganyika. Il eut la gloire, en explorant les côtes méridionales, de trouver une issue, le Loukouga, devant lequel Livingstone avait passé sans le reconnaître, et de constater que les eaux de ce grand lac s'écoulent vers l'ouest et rejoignent le grand cours d'eau, le Loualaba, au sujet duquel le docteur avait dit: « Est-ce le Nil? est-ce le Congo? » Cameron résolut de prouver que c'était le Congo, et arrivé à Nyanngoué, aux limites du trafic des Arabes, il fut trompé par eux, entraîné au sud, quand il cherchait le nord, par un chef noir qui avait les mêmes intérêts que les Arabes et qui tenait comme eux à ne pas le laisser entrer dans les contrées productives d'esclaves; il fut comme remis aux mains des traitants portugais qui, dans les mêmes intérêts, le dirigèrent et le conduisirent à Benguéla. Cameron était le premier Européen qui eût traversé l'Afrique de l'est à l'ouest;

il avait trouvé le Loukouga ; mais ses vrais projets, il ne les avait pas accomplis.

Nous l'avons dit, ce que Cameron n'avait pas fait, Stanley le fit. Le *reporter* américain avait, aux frais de M. Bennett, directeur du *New-York Herald*, retrouvé, en 1871, Livingstone à Oudjiji, l'avait ravitaillé, avait rapporté ses notes et étonné le monde par le peu de temps qu'il avait mis à cette œuvre. En 1874, il entreprit de savoir ce qu'était le Loualaba. De Zanzibar il se porta d'abord aux lacs Victoria et Albert et détermina la ligne de montagnes qui les sépare l'un de l'autre et celle qui les sépare tous les deux du Tanganyika ; puis après avoir revu Oudjiji, qui lui rappela avec Livingstone un des moments les plus heureux de sa vie, après avoir vérifié au Loukouga l'issue du lac, il gagna rapidement Nyanngoué, d'où, inaccessible aux ruses des Arabes et assez fort pour triompher de leur mauvaise volonté, il descendit le Loualaba ; mais le cours s'allongeait au nord, même au delà de l'équateur, et il se demanda lui-même s'il n'allait pas au Nil. Il se sentit bientôt entraîné à l'ouest, puis au sud-ouest ; un chef d'humeur accommodante lui nomma le Congo ; et, enfin, après mille dangers, presque mourant de faim, il rejoignit ses frères, comme disaient ses serviteurs noirs, et, vainqueur, entra dans l'Atlantique. Le Congo était connu.

L'hydrographie du centre de l'Afrique en révéla l'orographie ; on comprend que la grande ligne de partage d'eau entre l'Océan Indien et l'Atlantique, à partir de l'Abyssinie, se dirige au sud, ferme à l'est les lacs Victoria et Tanganyika, passe au sud de ce lac et des sources du Congo, au nord de celles du Zambèze, enveloppe à l'ouest le bassin du Zambèze, laisse vers l'Atlantique les petits versants de l'Ougoué, du Couanza et d'autres fleuves, sépare au sud le Zambèze de l'Orange, et, laissant vers l'Océan Indien le Limpopo et d'autres rivières, tourne les sources de l'Orange et, se dirigeant de nouveau vers l'ouest, finit au cap de Bonne-Espérance.

Une ligne secondaire sépare au nord le Congo du Nil, du bassin du lac Tchad et du Djoliba, ce sont les monts El-Kurm des Arabes, les monts de la lune de Ptolémée.

Si, au sud de cette ligne qui coupe en deux la Péninsule africaine, on contemple de l'Atlantique la partie méridionale, on voit les deux grands versants du Congo et de l'Orange, qui descendent par gradins, (de là les rapides et les cataractes), avec les versants secon-

daires de l'Ougoué, du Couanza et d'autres fleuves; si on la contemple de l'océan indien, on voit le grand versant du Zambèze qui
descend par gradins, également marqués par des rapides, des cataractes et des chutes, avec les versants secondaires du Limpopo,
de la Rowouma et d'autres rivières.

Voilà la grande œuvre de ces trois hommes qui sont l'honneur de
l'humanité : Livingstone, missionnaire doux et bienveillant, qui a
séduit les populations qu'il a traversées, qui pour toutes a été
l'*homme bon*, seul nom qu'elles aient retenu de lui; Cameron, le
voyageur aussi conciliant que brave, qui n'a cédé que devant l'impossible et qui a su ménager et ses serviteurs et les indigènes;
Stanley, le conquérant, qui, mieux équipé, mieux pourvu, a pu
aborder toutes les difficultés, triompher de tous les obstacles, des
hommes et de la nature.

On a reproché à Stanley ses victoires; on les a comptées; il s'est
battu trente-deux fois. Mais on oublie qu'il ne s'est jamais exposé
pour s'exposer, de gaîté de cœur, inutilement; le danger venait à
lui, il devait se battre ou se retirer, et se retirer c'était périr.

Livingstone dans les seize premières années de son apostolat et de
ses explorations a rencontré des peuples doux, que le fléau de l'esclavage n'avait réellement pas atteints, que la guerre ne troublait pas
sans cesse, qui vivaient encore tranquilles; il venait seul, répandant
la parole divine. Il a été bien reçu, et pour sa bonté il a été aimé.
Il a lui-même, près du Nyassa, soutenu quelques engagements;
« il a fait parler la poudre » ; toutefois la persuasion était sa vraie
force, et sa réputation l'ayant précédé sur le Chiré et sur le Loualaba,
il montra sa douceur presque toujours et rarement sa fermeté, bien qu'il
soit vrai de dire qu'il était aussi ferme que doux. Cameron ne voyage
que sur les terres de l'esclavage, mais entre les mains des trafiquants,
soit Arabes, soit Portugais et, pour ainsi dire, convoyé par eux, il
sait heureusement dominer ces étranges auxiliaires qui l'ont trompé
et détourné de son chemin et qui, s'il ne se fût pas fait craindre, l'auraient tué. Stanley, au delà de Nyanngoué, n'a traversé que de rudes
populations, pour la plupart sauvages et même anthropophages, que
l'esclavage avait à peine entamées et qui défendaient leur liberté ;
blanc et soupçonné d'être Arabe ou Portugais, il est reçu en ennemi.
L'énergique *Yankee* ne se trouble pas, il marche en vrai *pioneer* à
travers les forêts, les jungles, descend sur le fleuve chutes et cata-

ractes, va droit aux hommes, bon pour ceux qui acceptent ses présents et lui donnent des vivres, sévère pour ceux qui lancent des flèches, des zagaies ou des chevrotines. Sa force d'âme, sa vue sûre et ferme, sa décision l'ont protégé lui et les siens : on l'appelait le maître ; et ce maître a été le salut de tous.

Ces trois grands hommes, au reste, ont une égale horreur de l'esclavage ; Livingstone en parle avec douleur et compassion, Cameron avec tristesse et chagrin, Stanley avec violence et haine ; tous les trois, ils n'ont qu'un même sentiment que chacun exprime suivant son caractère et sa position ; l'un implore, l'autre négocie, le troisième combat, et tous, émus de la même pitié, conjurent l'Europe de porter dans ces terres, non pas nouvelles mais nouvellement connues, la délivrance avec le christianisme et la civilisation.

Elles sont si belles, ces contrées du centre de l'Afrique, si fécondes, si riches en produits de toutes sortes, en prairies, en forêts ; les animaux utiles sont si nombreux et la terre répond si bien au travail des hommes ; et ces hommes, nos semblables, bien qu'ils soient noirs, ont des cœurs qu'il faut toucher, des âmes qu'il faut ouvrir, des intelligences qu'il faut éclairer ; ils sont, comme nous, les fils de Dieu, dit Livingstone, et il ajoute : ils ont droit au pain de la vie ; ils ont droit au bonheur, dit Cameron ; ils ont droit à la puissance, dit Stanley.

Quelle gloire d'avoir ouvert comme de grands jours, d'avoir fait pénétrer la lumière dans ces terres inconnues, dans ces forêts dont la hauteur et l'ombre étonnent Stanley et qui semblent lui raconter les premières scènes de la création, et aussi dans ces populations également inconnues que n'ont atteintes jusqu'ici que les mauvaises passions, l'amour désordonné du lucre, l'ardeur de s'enrichir aux dépens de la vie et de la liberté humaines. Ces jours déjà faits, il faut les agrandir ; cette lumière déjà portée, il faut la répandre abondamment. Dès lors, on doit entrer en Afrique, la transpercer, comme disait le pauvre Frank Pocock. Il ne s'agit plus de voyager, de parcourir le pays, on doit s'y établir, s'y attacher. Le Congo et ses affluents ouvrent des voies, et aussi le Zambèze et les autres fleuves ; que les bateaux les remontent, aidés par la voile et la vapeur ! les rapides, les chutes, les cataractes, on les tournera, on les franchira ; on creusera des canaux qui, d'écluse en écluse, monteront et descendront les gradins des montagnes ; comme le Sénégal sous l'impulsion du général Faidherbe, le Congo se couvrira de comptoirs qui échangeront contre les richesses de l'Europe celles du pays, qui provoqueront le travail, la culture, l'industrie, le commerce; il faudra, sans doute, combattre, comme a combattu Stanley; mais la paix viendra et avec elle de nouveaux sentiments, de nouvelles idées, et les années, les siècles aidant, l'Afrique civilisée et chrétienne se transformera sous l'influence de l'Europe, comme la patrie de Stanley s'est transformée, il y a deux siècles, sous l'influence de la patrie de Cameron et de Livingstone.

Paris. — Imprimerie P. Mouillot. 13. quai Voltaire. — 13802

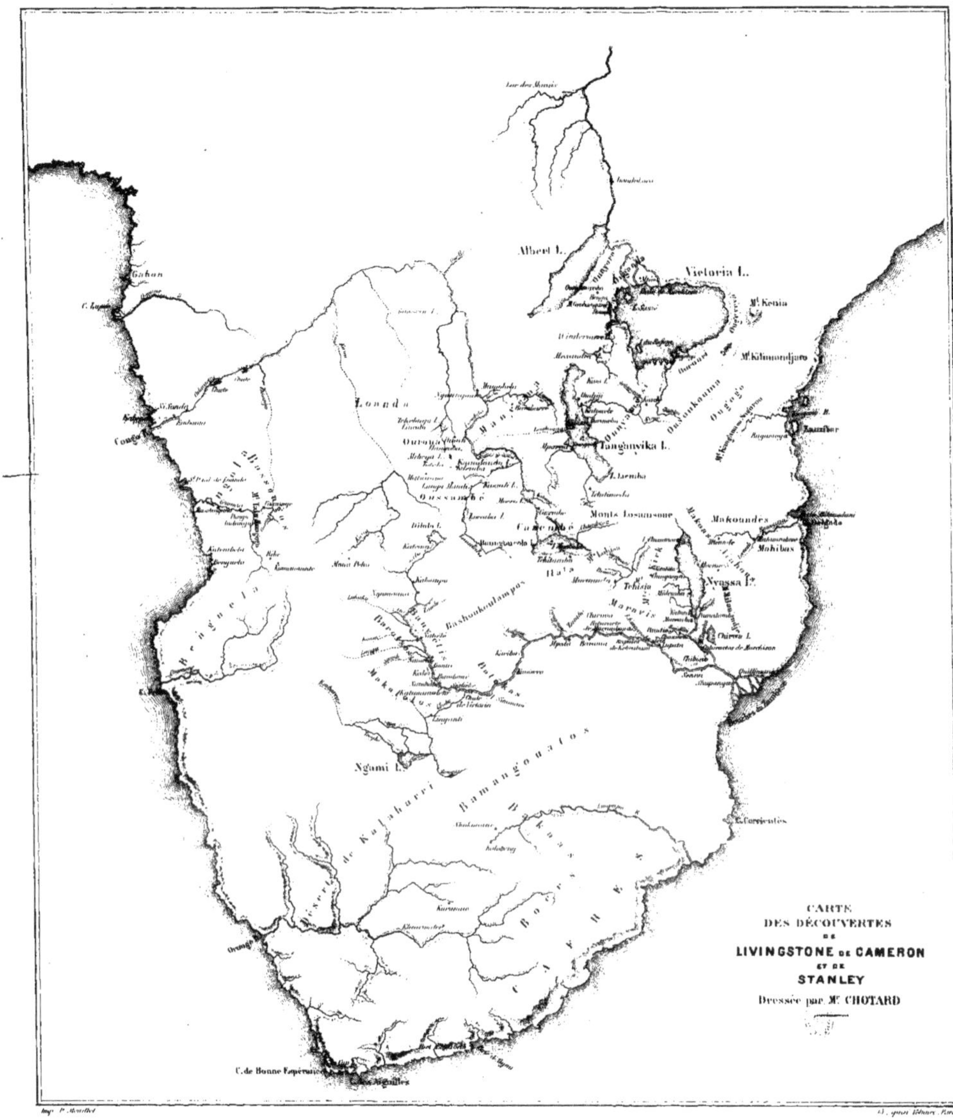

CARTE
DES DÉCOUVERTES
DE
LIVINGSTONE DE CAMERON
ET DE
STANLEY
Dressée par M. CHOTARD

PARIS. — IMPRIMERIE P. MOUILLOT, 13, QUAI VOLTAIRE. — 13802.

www.ingramcontent.com/pod-product-compliance
Ingram Content Group UK Ltd.
Pitfield, Milton Keynes, MK11 3LW, UK
UKHW022304120726
13694UKWH00003B/1227